广告策划与整合传播：案例教学

高萍 著

中国传媒大学出版社
·北京·

序
你喝的是汽水，我喝的是北冰洋
——对当代商业传播策划实务的解构

任何一个商业品牌都不是"Duang"的一下就能横空出世的，只有具备品牌素养的生产商、经销商和传播商——这里我们统称为品牌的经营者，才可能将一个好的"产品"熔炼成品牌、知名品牌、优质品牌和最受用户青睐的品牌，最后形成"意愿经济"型的品牌效益。

本书基于近年来在商品市场中胜出且保持"常青树"型的五个商业品牌，分析它们如何通过营销传播策划和策略的有效实施，较为成功地实现了产品的品牌效益。多年以来，案例教学与示范已经被高校和企业所广泛运用，而深入剖析案例背后的理论渊源和学理基础，则是本书的价值和特色。如何把现象级的案例效果归因到策划思路上来，需要归纳、分析、追因、提升，最后找到理论依据。如果没有，我们就需要与时俱进地建构与创新，创新理论也是营销传播中针对传统广告学所需而要发展的内容。本书力求在当代商业传播策划实务与广告品牌传播理论之间找到一些可能存在的理论勾连，将个性的实践案例抽象归纳为一般的理论逻辑；再从较为系统的经典理论和现代权威学说的高度，演绎未来广告品牌传播策划能够借鉴并提升效果的理性方法论。故此，展示案例不是目的，而是针对品牌过去时传播策略的一次实证。理论提升才是归宿，在体验经济和意愿经济已经到来的时代，策划者的学养、思想者的创新、文化创意者的格局，都是品牌经营者成功熔炼品牌的先决条件。

根据央视市场研究股份有限公司（CTR）2018年2月发布的数据：中国广告市场2015年下降2.9%，2016年下降0.6%，2017年中国广告终于增长了4.3%。2017全年传统媒体同比增长了0.2%，近四年以来首次实现了正增长，电视广告从2016年下降3.7%逆转为2017年增长1.7%。2018年4月，国家工商行政管理总局权威发布：2017年中国广告经营额为6896.41亿元，较上一年小幅增长了6.28%。全年6896.41亿元的广告经营额占国内生产总值（GDP）的0.84%，与同期GDP 6.9%的增长基本持平。广告产业与我国GDP几乎同比例增长！那么，"广告公司还能活多久？"的说法是不是需要反思？当然！"广告公司"不只要"活"，而且还要不断"进化"！

广告策划的最终目的是提高品牌的市场占有率并实现其销售业绩的成长。所以，无论传播媒介进化到哪一个阶段，即使任凭媒介技术先进到足以走在世界的前列，商业品牌的营销传播都只能遵循品牌市场成长的客观经济规律。这里，媒介是工具，技术是工具，符号也是工具！一切工具都是为了商业品牌在传播环节能够实现最佳的专业传播效果并完成品牌在消费者或者用户心目中的定位或价值升级。从注意力经济引发出体验经济，再从体验经济通达到意愿经济，我们才能实现品牌的经济效益，才能完成广告策划人品牌管理的责任担当。

首先，我们需要端正态度。

回归，回归，回归，这是笔者在两年来修改此书的过程中经常闪过的念头！回归到人类对广告本真的需求状态，回归到商业广告传播的动机状态，回归到媒体发布广告的本因状态。作为广告活动的关键环节，广告策划只有在科学的广告学理和学术观点下才能得到有效的执行并产生良好的传播影响力。"去广告化"去的是什么？不变的是什么？新时代，有些东西一定要变，有些东西万变也不离其宗！变是绝对的，不变是相对的，但有些东西一定不能变得面目全非！

必须回归：人们对商业信息的需求是刚需！回归不是复古，更不是抱残守缺，而是螺旋式上升中的归正，是反思乱象后的矫枉——修正偏离。通过回归使人们找回"广告"存在的真理性价值，找回"广告"的根向属性，拉动广告产业的正态升级，这是问题的本质。

策划与创意是构成广告本质层面意义的基本且必要条件。没有策划与创意的广告就是一般的商业讯息传播，无所谓艺术性或科学性。而具有学科意义的广告，是以策划为前提并以之为核心内容，同时具有媒体执行力的商业信息传播活动。故此，广告才有优质与滥俗之分，有艺术性与科学性之辨。本书针对新时代环境下的广告，即一切营销传播活动，通过案例研究延伸到理论，阐释如何加强广告策划中艺术性与科学性的结合，抑或称为广告的文化理性范畴。

第二，我们需要重新认知。

策划，是一种阳谋下的策略规划，这是我的基本观点。

策划，是一种不可替代的脑力劳动，是一种基于知识储备和经验认知的思维活动。

策划，是一种科学的方法论，是一种将知识理性与文化理念有机交融的商业格局。

策划，必须以商品的优良质量为前提和必要条件，否则便会适得其反。

当代广告策划，更多的是针对商业品牌的营销传播活动制定有效的策略和实施方案。本书界定的广告策划，是基于用户的媒介体验，以讯息分享和场景带入为手段，使用户在接触商品或企业文化的互动沟通中更加全面地感知商品或企业的品牌利益，从而实现品牌有感传播的战略谋划活动；是基于当代数字媒介环境的一切商业传播谋略，旨在提升商业品牌的传播力、引导力、影响力和公信力。

2016年9月1日起施行的《互联网广告暂行管理条例》将互联网上的一切商业传播都界定为广告传播。业界再怎么"去广告化"，至多也只能"去掉"传统广告的传播形态。广告依旧是"大广告"，是现代广告，即一切营销传播。对商业品牌的传播策划，当以真诚为灵魂，以媒介为先导，以技术为驱动，以正能量的雨露滋润商业的无情，只有取人需所向，才能"扎心"。

品牌需要个性，个性就是定位。有定位才能出现差异化，有差异化才能使人们记住品牌。尽管借势营销、事件营销等品牌传播形式还会流行，但是其对品牌的定位却也有得有失。

品牌不仅需要定位，还需要重新定位，即不断升级。第一次升级可能是具有品牌意义的对产品名称概念的完善，是发现产品需求价值后的精准和不忘初心的回归。第二次升级可能是针对产品实体自身的生产型拓展：品牌开路，品类跟进，垂直细分，深度嵌入。第三次升级可能是品牌文化附加值的升级，包括"老品牌"的年轻化或IP化，包括所谓的针对新媒介社交平台的用户群的分发型内容营销。

如果说，产品的生产和上市销售依靠企业自身就可以完成，那么品牌的打造和升级则需要依赖专业传播者拿出策划和创意的大格局。否则，就不科学！

第三，品牌传播，策划要解决什么问题？

从网民的狂欢到品牌的疯传，从头条类媒介的鼓噪到社交化平台的喧嚣。人人媒介使传播过度，各类资讯符号、商业符号、创意符号、大数据符号和娱乐符号等霸屏网络、弥漫线上，正如波普艺术的倡导者安迪·沃霍尔曾经预言的："每个人都可能在15分钟内出名，每个人都能出名15分钟。"[①]在这种信息过量的传播语境下，商业品牌传播的"入口"在哪儿？这是策划点之一。

广告策划不是玩套路、谋招式，品牌营销传播的声量和声浪等声能不难开足马力，难的是商业品牌如何才能进入并留存在目标用户的心里？这是策划点之二。

感叹，一个品牌如果不曾有过从善如流的公益活动，真的难以深入人心、维护形象、留住用户！在企业资金有限、亟待产品销售回款的境遇下，怎么才能通过品牌讯息的沟通使产品到达消费者或用户的手里？这是策划点之三。

"CCTV国家品牌计划"是中央电视台在2017年推出的，是扶持本土商业品牌的重大举措。今日中国经济的发展比任何时候都渴望国家品牌和民族实业的崛起，正如中央电视台广告经营中心负责人所言："CCTV国家品牌计划是在助推品牌发展经验的基础上，寻找、发现和塑造一批能够在全球市场上代表中国国家实力、参与国际商业竞争、进行国际文化交流的国家品牌形象。"专业人做专业事，这本身就是一次很好的媒介品牌策划。

第四，案例分析与当代品牌传播策划理论相结合。

为了写这本书，我重新回看了电视剧《琅琊榜》全集，有些剧情反反复复回看多遍。萦绕在脑子里的问题就是：策划的底线是什么？品牌文化的灵魂是什么？传播者的抓手在哪里？剧没有白追，当代品牌的人格化发展趋向，需要策划者更深刻地理解人间的情义、道义、大义和正义。同时我也将几年前翻阅过的《地球是平的》《未来是湿的》以及《湿经济》几本书仔细阅读下来。书也没有白翻，在策划的构思过程中传播者对品牌投资的政策都是预估的，如何才能让"度"越来越精准？

生产做产品，传播出品牌。策划与创意，永远是广告的专业卖点和产业内容。

---

① 李开复. 微博改变一切[M]. 上海：上海财经大学出版社，2011：74.

2017年4月13日，北京卫视与阿里巴巴正式签署"台网联盟"战略合作协议，浙江广电与新浪签署"短视频直播内容创新"战略合作协议。如此大的动作发生在同一天，各大媒介平台共振，讯息飞速刷屏。这绝非巧合！策划实务，在传播之前；策划理论，在策划案实施之后。

当代商业传播策划理论的重构，要立足于社会主义核心价值观和当代先进的商业文化。万物皆媒体，内容皆广告；讯息即入口，触达即传播。传统媒介传播时代，地毯式密集轰炸型的硬广告已被人们唾弃；现代网络数字时代，病毒式传播的各种软广告也已屡见不鲜。媒介融合语境下，再去刻意划分什么传统媒介与新媒介已无太大的意义，当下各种广告沉浸式传播深度渗入，人们在平常心态下方可接受品牌文化消费的持续性供给。运用辩证逻辑，甲方与乙方互相置换，社交平台下我是传播者也是受众，你是受众也是传播者。对于传播者而言，洞悉人们媒介消费的日常，洞察一切流行内容与符号的社会心理意义，理解人，还是最难的事情。

策划是一种关于决策的思维过程，同样需要科学理论的指导和数据基础。"六度分隔"和"三度影响力"以及其他一些传播理论，是今天我们在数字网络媒介环境下进行传媒策划的重要理论基础。

第五，本书的特色和初衷。

在今天这个"大号"横飞、专业公众号到处漂移的数字传播时代，大量的案例甚至一手案例在网上飞速流传着。同时，各类案例大赛也不断将市场一线最卓越和最成功的策划一一展现出来。

只写案例，这不是本书的初衷，笔者的目的是要通过对案例的升华与理论归因，抽绎出更值得借鉴的思想创新和价值观层面的策划原理，并与时俱进地创新营销传播策划的理论。

与一般的案例教材不同，本书力求从个案具象中抽绎出代表意义，着力于将现代商业策划的一般规律上升到商业策划理论的高度。

与纯粹的案例教材不同，本书立足于思路与执行的一般通道，侧重现代商业策划的理论知识点和时代性原则。

第六，从专业策划人到品牌经营者。

无论是传统广告公司还是传统媒体时代的广告人，都面临着转型的问题。今天，广告业依旧不可复制，专业广告人对消费者、对客户的洞察仍然不失水准、一针见血，但对于如何搞定消费者则显得力不从心。在碎片化的时代，他们有制造一个引爆点的实力，但对这个点的辐射范围、辐射能力却难以掌控。如何在策划中既掌握现代传媒技术的工具性，又悟到传播策略的人文性；既站在思想创新的制高点上，又坚守品牌文化的商业性，这是策划人的"转型"之要点。

现代广告策划是基于用户的媒介体验，以讯息分享和场景带入为手段，使用户在接触商品或企业文化的互动沟通中更加全面地感知该商品或企业的品牌利益，从而实现品牌有感传播的战略谋划活动。在人人媒介的时代，人人都可能是品牌的定义者和传播者，人们在消费品牌的同时也在改变、重构甚至摧毁原有的品牌形象。因此，品牌形象需要专业策划者投注全部的心智，用自己的"洪荒之力"为广告主提供高水平的品牌传播策略。这个过程需要一颗平常心和大仁、大爱、大义、大智慧的境界与格局。

谈到中国内地策划圈里的名人，估计人们最先想到的是张默闻。从2007年作为中国广告学院奖的企业巡讲嘉宾，到之后成立张默闻策划集团，截至2016年，他已经连续五年出任中央电视台广告策划顾问，至今以"策划准、创意狠、地位稳"[①]的特征畅行于我国品牌传播策划领域。我欣赏他"用尽全身力气，用尽所有资源，用尽全部热爱，为客户的品牌提供深度传播"的精神，这是一种专业精神、一种敬业精神，有了专业和敬业，才能具备策划的能力和水准，这是作为专业策划人和品牌经营者的必要条件。

没有吸引目标受众注意力的品牌入口，用户哪有机会体验品牌？没有用户良好的品牌体验，哪有消费品牌的意愿？纵观移动媒介的强大功能，概览社交平台勃起后人人媒介的景象，数字媒介语境下人们对品牌的态度更开放、更感性、更具有想象力。意愿经济的本质是买方发现中意的卖方，这更需要广告策划者切准品牌入口，将喧嚣的话术竞争转变为释放品牌利益的体验性场景，以求得用户的意愿。

第七，本书的主要内容和必要说明。

主要内容：

案例一：好策划生于好内容——从电视剧《人民的名义》热播看策划的真诚性

现代广告策划的思维起点是只为好商品做广告，第一态度是"真诚"，第一

---

① 张默闻. 饮料卖味道——中国知名饮料品牌传播策划纪实[M]. 北京：机械工业出版社，2017.

场景是"真实",第一条件是"真货"!品牌的真诚性永远会超越招数和套路。

案例二:品牌定位的客观依据和文化取向——从六个核桃看广告策划的科学性

品牌定位是广告策划的关键策略,其本质是使品牌在营销传播环节具有差异性。当代大数据和传媒科技的发展为挖掘广告策划的科学性与人文性提供了更加客观的依据。科技驱动对社会发展的一系列"颠覆性"变化,使品牌不得不重新定位以实现升级。

案例三:基于全社交平台的整合营销传播——从小米手机的线上营销看媒介策略

出生于网络的小米品牌印证了网生性媒介已成为今天媒介成就品牌的必然要素。全媒介社交平台的整合策划与策略,旨在立足于技术驱动下移动社交平台的迅猛发展,从"双微"到"两微一端""两微一抖",再到全媒介社交平台的整合传播,不是彼此"相加"的关系,而是优化与整合,以精准切到用户"触点"。

案例四:数媒时代的内容营销策划——从农夫山泉看广告策划中的内容营销

数字媒介意味着低成本自媒体内容营销传播时代的到来,"内容营销"的本质就是摒弃硬广告形式,使"内容"自带流量、吸引特定用户去主动关注的一种策略。"内容为王"依旧是传播"铁律",品牌可持续发展的基因在于品牌的公益诉求。

案例五:品牌年轻化和IP化数字营销策划——从雕牌虚拟化IP人物"雕兄"看广告策划的传播策略

当代IP已从网络文学走向商业品牌,从知识版权走向品牌特质,实现了商业品牌的差异化价值升级。品牌的年轻化是大势所趋,数字媒介得天独厚的传播优势促进了广告产业由注意力经济向体验经济进而向意愿经济的发展,这一过程需要品牌经营者的品牌素养。

附录:广告策划书的基本要项和表述内容

本附录简述了广告策划(或企划)书一般意义上的结构和内容。

必要说明：

本书所用的"媒体"，意指传媒机构；"媒介"意指传播的物质载体。

本书引用了一些微信公众号上的案例或内容，这是因为公众号更新快、内容相对较新。

本书所引用的作品图片或案例资料，凡是能够找到作者和来源的，都尽力在相应位置做了标注。但是有的图片或材料由于出于多处，未能找到原创作者，考虑到这里只是用于教学或研究而非商业，还是择优采用了。请原创或相关者见谅，并深表感谢！若发现仍有不妥之处，请及时联系本书作者。

作者

于京宅

2018 年 5 月

（微信号：gaopingteacher；QQ 号：1002217553）

目　录

第一讲　当代广告策划的思维起点　/ 1
　　一、广告策划的逻辑起点　/ 2
　　二、广告策划是阳光下的谋略　/ 3
　　三、广告策划的思维逻辑　/ 5
案例一：好策划生于好内容
——从电视剧《人民的名义》热播看策划的真诚性　/ 10
　　一、万千宠"媒"抵不过好内容　/ 11
　　二、好内容的界定　/ 13
　　三、好内容源于编创时的好策划　/ 16
　　四、好内容值得好策划去推广　/ 19

第二讲　广告策划与整合传播的定位策略　/ 33
　　一、广告策划长期目标的实现更有赖于品牌定位　/ 34
　　二、新时代广告品牌定位更需要科学化　/ 36
　　三、广告策划中针对新产品的品牌定位　/ 40
　　四、揭示"定位的本质是差异化"的品牌重新定位内涵　/ 44
案例二：品牌定位的客观依据和文化取向
——从六个核桃看广告策划的科学性　/ 51
　　一、养元六个核桃诞生了：发现需求看准商机　/ 52
　　二、六个核桃的品牌定位及客观依据：精准定位点亮品牌　/ 53
　　三、养元六个核桃品牌定位的文化取向　/ 57
　　四、品牌的重新定位是新时期的必然要求　/ 61
　　三、养元六个核桃品牌的整合式重新定位　/ 66

第三讲　广告策划与整合传播的媒介执行　/ 67
　　一、当代广告整合营销传播的媒介策划　/ 68
　　二、全媒体社交平台的整合策划与策略　/ 70

案例三：基于全社交平台的整合营销传播
——从小米手机品牌的线上营销看媒介策略 / 92
　　一、被称为"全社交平台营销先锋"的小米 / 93
　　二、小米的"双微"营销传播策略 / 95
　　三、小米的全社交平台营销传播策略 / 101

第四讲　广告策划与整合传播中的内容营销 / 109
　　一、数媒时代对营销传播的挑战 / 110
　　二、内容营销内涵辨析 / 112
　　三、从原生广告到内容营销的演变 / 116
　　四、关于内容营销的广告策划 / 119

案例四：数媒时代的内容营销策划
——从农夫山泉看广告策划中的内容营销 / 126
　　一、"农夫山泉有点甜"成功入口 / 127
　　二、数媒时代农夫山泉传播的内容升级 / 135
　　三、农夫山泉的体验式内容营销 / 141
　　四、农夫山泉品牌下品类内容的延伸与收获 / 143

第五讲　广告策划与整合传播中的数字营销 / 147
　　一、数字营销使老品牌年轻化 / 148
　　二、数字营销使品牌 IP 化 / 150
　　三、数字营销效果中的体验性与体验经济 / 153
　　四、从意愿经济走向品牌素养 / 157

案例五：品牌年轻化和 IP 化数字营销策划
——从雕牌虚拟化 IP 人物"雕兄"看广告策划的传播策略 / 161
　　一、以雕的精神成就本土洗涤剂品牌 / 163
　　二、雕牌数字营销的 IP 化升级 / 175
　　三、雕牌在数字营销中的品牌体验性 / 179

参考文献 / 185

后　记 / 188

第一讲

当代广告策划的思维起点

这一讲的核心是：只给好商品做策划！

阐释一个理念：凡是针对商品（既包括制造业生产的消费产品和服务，也包括文化和传媒业创作的各类艺术作品）的营销传播抑或称之为市场推广的策划，都需要好商品作为基础和前提。

没有这个质量过硬的标的物"内核"，营销传播人员投入再多的心智也难以成就商业品牌，甚至可能出现那种策划越高明欺骗性越强的不良传播效果。只有面对质量过硬的商品，现代广告策划才敢立足于"阳谋"策略，光明磊落、顺势而为地为广告品牌谋划更加贴近消费者的广告活动。

一、广告策划的逻辑起点

1. 广告策划的思维起点——只为"好商品"做策划

"好产品即营销",这是美国特斯拉汽车公司的产品销售策略。长期以来,特斯拉不付费做广告,这是业内皆知的!然而在无传播不销售几乎成为市场不二法门的今天,特斯拉坚持不做付费的硬广告,却仍然能够保持在国际汽车市场上销售的可观业绩,这直接得益于其产品质量和售后服务带来的好口碑。好商品即营销,这一点不仅应该作为广告策划活动的逻辑起点,也值得当代营销传播业界同仁们深思和反省。

2. 广告策划的本质——品牌传播管理的全面服务

关于广告策划,传统广告学是这样界定的:"广告策划是根据广告主的营销计划和广告目标,在市场调查的基础上,制定出一个与市场情况、产品状态、消费群体相适应的经济有效的广告计划方案,并加以实施和检验,从而为广告主的整体经营提供良好服务的活动。"[①]1986年,我国内地广告界首次提出了"广告策划"的概念,这是自1979年我国恢复广告业之后,业界同仁通过对广告理论的研究首先提出的概念,这一广告观念上的突破使广告界、营销界和传媒界重新认识了广告活动的品牌传播性质以及其在市场竞争中的品牌推广作用,也标志着我国广告产业开始进入为客户提供全面服务——品牌传播管理的新阶段。不过,在传统媒介主导传播的环境下,传统的广告策划是专业广告公司以创意为核心,为广告主谋划商品整体性和系统性的营销传播活动。

现代网络数字媒介环境下,传统广告产业已经发生了结构性变化:产业升级,广告迭代,品效合一,数字广告新形态层出不穷。媒介即信息,信息即广告,内

---

① 丁俊杰,康瑾.现代广告通论[M].3版.北京:中国传媒大学出版社,2013:228.

容营销从内涵到外延重新界定着"广告"的范畴，针对传统的硬广告形式而言，面对当代各类媒介上各式各样的商业营销传播，我们不妨将它们统称为"大广告"。本书所谈到的广告策划就是针对现代媒介和营销环境下各种形态的"大广告"的策划。"大广告"的内涵既包括传统的硬广告，也包括公共关系以及线上与线下等一切营销传播活动。简言之，一切有关市场推广的营销传播活动都属于现代"大广告"的范畴，我们亦可以将这样界定的"大广告"称为现代广告。现代广告策划是基于用户的媒介体验，以讯息分享和场景带入为手段，使用户在接触商品或企业文化的互动沟通中更加全面地感知该商品或企业的品牌利益，从而实现品牌有感传播的战略谋划活动。在糟糕的商品目前，再高明的策划也是徒劳。

只为好商品做营销传播策划，这是专业人的思维起点和基点，也是现代广告策划完胜的必要条件。品牌是商品的文化包装，有了好商品才可能传播出好的品牌！好商品值得专业人投注心血、贡献自己全部的心智来谋划品牌如何进入消费者的心理图景，以此见证广告策划人的专业性——品牌传播管理的全面服务，这也是广告人为客户做品牌传播服务的管理要求和根本保障。

二、广告策划是阳光下的谋略

1. 现代广告策划的底线——"阳谋"

"阳光"，即光明正大，不存在任何欺骗甚至欺诈成分，而"阳谋"正是现代广告策划的底线。但是，近年来，诸如媒介策划、节目策划、庆典策划、婚礼策划等各类策划盛行，发生在经济、文化以及消费等领域里越来越多的"策动"行为直接影响到人们的日常生活，故人们开始反感"策划"，"阴谋论"的说法在越来越多的领域不时响起。

阴谋，在多数语境中被人们当作贬义词使用，大有"诡计""玩弄""秘计""欺骗""谎言"之意。阴谋型的策划就是为了达到某种目的而引导对方走入背离事实真相的歧途。在香港电影《新警察故事》里有这样的台词：所谓阴谋就是设陷阱，就是无中生有。故策划者经常被称为"阴谋家"，他们往往在信息不对称的条件下，为了达到一定的目的，想方设法地诱惑人们参与对策划者有利的活动。"阴谋论通常是指对历史或当代事件作出特别解释的说法，通常暗指事件的公开解释为故意欺骗，而背后有集团操纵事态的发展及结果，以达到该集团损人利己的目的。阴谋论的三个特点为'损人利己''故意欺骗''合谋操纵'，必须同时满足三个条件才能算一个阴谋论观点。"[①]由于"策划"涉及"谋"这一元素，久而久之，"策划"便似乎成了与"蓄谋""算计"等人们仍鄙弃的行为连接在一起的负面活动。阴谋型的广告策划可以使人们看到一幕幕十分温情的生活场景，但里面却充斥着品牌展露等种种不和谐的元素，是更加粗暴的视觉占有和行为控制。

"阳谋"自带"阳光"之内涵，在多数语境中被人们当作褒义词使用，即策划者依据现有的条件，正视客观现实，通过调配传播者可以控制的资源，光明正大地策动有利于自身发展的活动。阳谋论也有三个特点："光明正大""因势利导""实力应对"。很明显，"阳谋"是针对"阴谋"而言的，这里没有欺骗，不含"玩弄"或"戏弄"之术，凭借实力折服对方，从而达到预期目的。基于阳谋的市场策划，依旧可以瞄准竞争对手，在知己知彼后发现竞争品牌的优势与弱势，使营销传播卖点分明。这样的广告品牌发声而不聒噪，激烈竞争但却井然有序，从而形成了在不断细分的市场中不同定位的品牌共存活的局面，诸如人们所熟知的可口可乐与百事可乐、万事达卡与维萨卡、肯德基与麦当劳等品牌的市场格局。

现代广告策划之"阳谋"与"阴谋"之分，取决于策划人对广告活动元素现实度的选择。纯粹的"招数"或高明的陷阱都是阴谋中的致命伤，只要被人看穿，这个阴谋就一文不值。凡是"阴谋"，就会有破绽。一旦人们意识到某个被策动的事件含有"阴谋"的成分，也就意味着这个事件本身很难被广为接受，预示着策划失败。而"阳谋"是把一切都建立在光明正大的现实基础上的计谋。它没有秘密，不惧怕隐私，追求透明，所以它少有破绽、光明磊落，以自身的实力设势造势、顺势而动、借势而为。阳谋论下的顺势而为，使消费者直接面对品牌讯息。如此，人们更容易认可品牌文化，更容易认可企业的服务，明知商品价钱比较贵还是愿意去买，而且认为那是理所当然的品牌价位且物有所值。这种尊重现实且无懈可击的阳谋型策划能够推动事件按照客观规律发展，也必然能够赢得品牌消费者（包括潜在消费者）更多的信任，在总体上产生更好的传播效果，从而达到让品牌传播深入人心的目的。

---

① 阴谋论 [EB/OL]. [2017-08-04]. https://baike.baidu.com/item/%E9%98%B4%E8%B0%8B%E8%AE%BA/155621?fr=aladdin

2. 现代广告策划的目的——实现"去广告化"的品牌沟通

广告策划，就是给广告商品参与市场竞争提供预先和周全的营销传播谋略，既包括战略性的谋划，也包括战术上的实施方法。虽说商场如战场，但广大消费者或用户不是"敌方"，传播策划者与受众是乙方和甲方的关系，即广告主体与广告客体之间是相互沟通的关系，不是敌对关系。所以"阴谋论"永远不能成为现代广告策划的属性和原则。相反，如果谋划"陷阱型"的营销计策使广大消费者或用户信以为真甚至受骗上当，就恰恰违背了现代广告策划的目的。

现代广告策划的目的是"去广告化"，是通过有效的品牌传播活动，使消费者从认知品牌到认可广告主的品牌文化，进而产生一种积极的品牌消费心态。近年来，随着媒介的发展壮大，信息日益丰富，人们早已饱受众多媒介硬广告轰炸之苦，从被动接受发展到心理反感，从回避广告发展到逆反憎恶。因此，只有以内容为主导的"去广告化"的讯息传播，才能吸引广大媒介受众的注意力。现代广告成功策划的标志是广告品牌能够俘获人心，能够使消费者心安理得地接受品牌的定价和服务并自发地进行口碑传播。

三、广告策划的思维逻辑

1. 现代广告策划的思维要求——辩证逻辑与审辨性思维

策划（Strategic Planning）"是一种规划并决策未来行动方案的超前性谋略活动，策划是一种系统性的理性思维过程，策划是对未来事件的筹划性管理行为"①。现代广告策划旨在通过策划团队的主观谋略，塑造具有人文价值的商业品牌，帮助广告主企业打造品牌并传播品牌文化，以实现其商业愿景。所以，广告策划首先是一种思维活动，是在商业市场中制定品牌传播战略和战术的一个决策过程，是制订广告执行计划之依据的一种战略选择，故需要科学且人文的思考方法。传统的广告策划讲究"统一性、调适性、有效性、操作性和针对性"五个原则，在现代广告媒介与营销环境下，这些原则已经成为基本理念，但还远远不够。

人人媒体，分分钟直播，信息即时且高速地流通，数字网络以及自媒介环境对广告策划提出了更高的要求。因此，现代广告策划更需要策划者思维的逻辑性

---

① 高萍. 广告教学与实践模块建构研究[M]. 北京：中国传媒大学出版社，2017：86.

和审辨性（或批判性）。广告产业的升级首先源于现代广告策划的升级。

2. 现代广告策划中的辩证逻辑——甲方与乙方的换位思考

本讲案例"好策划生于好内容——从电视剧《人民的名义》热播说策划的真诚性"向我们讲明了一部严肃题材的正剧在湖南卫视开播后成为"爆款"的前因后果。我们不难看到，这一现象级作品的背后其实隐含了无数传媒人可圈可点的心智投入。

首先，好策划出自好作品（好内容），好品牌出自好策划。什么是好作品？抑或什么是好商品？标准是什么？这里需要的是换位思考，策划者必须站在观众或受众或用户的视角，尽管这个视角名称不同，但都是一个立场，我们统称为"消费者"；而创作者、制造者、传播者等，这里我们姑且将之统称为"生产者"。

其次，消费者与生产者的关系，是甲方与乙方的关系。二者之间，消费者应该是甲方，生产者应该是乙方，这是由市场经济体制运行下其各自在产业链上的地位所决定的。从外在形式上看，尽管作为乙方的生产者是消费品的提供者，是甲方消费行为的发起者；但就内在机制而言，若没有甲方认可商品的价值并兑现价格，乙方便难以获得预期的经济效益和社会效益。只有换位思考，乙方才能更好地了解、把握并驾驭甲方的真实需求。这就是一种辩证思维逻辑，它可以使乙方和甲方换位思考，设身处地地自觉体验，以形成第一手可靠资料，并结合相关数据进一步进行量化分析，真正实现已经喊了多年的"以市场需求为导向"的商品产制。

因此，辩证思维下的换位思考在今天尤为重要。这是因为，在网络语境下，受者也是传者，消费者也可以变身为生产者。衡量商品质量的标准首先在消费者的体验中产生，然后在生产者的创新与科普中形成，也在需要技术更新和消费升级的商品迭代中实现。好策划要基于好商品，好商品是好策划的前提和保障，这正是辩证思维的必然结论。

3. 现代广告策划中的审辨性思维——谋略的价值取向

本讲案例"好策划生于好内容——从电视剧《人民的名义》热播说策划的真诚性"展现了一部严肃题材的正剧在开播前及开播后如何制定和实施营销传播推广策略。广告策划是理性的思考活动，针对一件好商品的市场传播策划，无论是在传统媒介环境下，还是在现代数字媒介环境下，策划者都必须遵循 AIDMA 等模式。不同的是，在当代媒介和市场环境下，这些涉及广告传播学基本原理的要素已从单一变得多元，从显性变为隐性，从台前走到了台后。如传播受众接受品牌传播时的心理反应顺序：注意 (Attention) → 兴趣 (Interest) → 欲求 (Desire) → 记忆 (Memory) → 行动 (Action)，现在已变得更加复杂、更加多元化，这就要求策划者要具备审辨性思考能力，具备选择与评估策划方案的能力（见表 1-1）。

表 1-1 AIDMA 模式在广告策划中的案例分解

AIDMA 模式之节点	传统媒介语境单向传播	现代数字语境多元化传播	案例一整合传播策划案	案例一执行后的反馈
注意 (Attention)	主流媒介强势发声	社交媒介 + 主流媒介等互动	事先在《人民日报》等微平台和户外硬广告进行传播	正剧，成为"群戏"
兴趣 (Interest)	依赖广告创意博眼球	话题营销 + 内容营销 + 硬广告	反腐正谈、人设、表情包等物料话题讨论	话题量增加，表情包引发网络狂欢等
欲求 (Desire)	看到商品卖点了解可观利益	日常心理诉求 + 利益诉求	正剧主题、表情包、"鬼畜"视频等切中公众反腐心理的诉求	官网粉丝量大增，收视率持续上涨，剧尾破 8
记忆 (Memory)	广告有记忆点且重复传播	多媒介内容共振，阶段跟进	阳谋下顺势而为的传播内容直接进入观众思考的日常	话题的持续性推进和讨论量的增长
行动 (Action)	消费者咨询品牌，购买	各种转化、购买，品效合一	话题与传播内容的推进与讨论量持续上升	表情包网友再创作，收视率持续增长
传播效果指标	销售额、收视率等	流量、评论或讨论量、粉丝数、点击率等	媒介的整合、讯息的整合、话题的阶段性	品效合一

从表 1-1 的简介中可以看出，传统媒介语境下，单向传播的广告活动策略在各个环节选择上都相对有限。在现代数字语境多元化传播的今天，在 AIDMA 模式下的各个节点上，策动营销传播活动在媒介类别、"大广告"形式、讯息形态、话题内容、互动方式、转化渠道等方面都有了更多、更大的选择空间。如此，审辨性思维（Critical Thinking）（也翻译为批判性思维）在广告策划中就显得尤其重要。"所谓的批判性，就是分析论证。要深度、理性、合理。什么叫理性？就

是为自己做的事找理由,即进行分析论证。分析就是将事件或事物分为部分、方面、因素和层次予以考察。'批判性'思维一词,本身就是一个关于认知和思维的概念。"[①]在营销传播策划领域,面对无数因脑洞大开而产生的信马由缰的创意灵感、创新活动,我们应该如何评估、如何取舍?于是,审辨性思维就成为人们选择和决策最终方案的思维方法论。

挖掘假设前提是审辨性思维中一个重要的技能,这种思维方法论在现代广告营销策划中尤为重要。策划本身就是一个具有前瞻性的思考活动,是针对假设场景的谋划和计划。审辨性思维要求策划者必须清楚地界定假设前提所涉及的要素,把潜在的负面影响即负能量降到最低。同时,伴随着传媒科技的突飞猛进,今天的自媒体已经深入渗透到人们生活与工作的各个领域,信息的获取与发布比历史上任何一个时代都更加方便快捷,广大社会公众(包括各类消费者)已经练就了一双火眼金睛,增长了见识,学会了比较商品,他们在广告信息的海洋中主导消费。一方面,现代广告策划的空间更大,传播工具更多了,选择性要素的范围更广了;另一方面,精准化营销变得更难了,消费者心态更难以驾驭了。因此,传播者和策划者更离不开审辨性思维的理性评估,通过分析、论证和选择,以更加合理的价值判断谋划营销传播策略。

要点小结

数字媒介环境,线上与线下沉浸式的媒介消费,社交微平台上人们的互动传播以及现代广告策划与整合传播要求策划者具备更加科学且人文化的思维方法:

第一,在辩证思维逻辑下换位思考,明确广告策划的思维起点,即只为好商品做策划。乙方对甲方负责的基础是对商品负责,而这恰恰是基于消费者立场的必要选择。

第二,用审辨性思维甄别策划方案中各种假设前提要素的优劣,这是最终执行预先策划时提高正能量、降低负能量的必要保障。要避免"垃圾策划"带来的品牌垃圾化现象,这是一个渐变过程,虽然无形但客观存在。

[①] 余党绪. 批判性阅读:光荣的荆棘路 [BE/OL]. [2017-08-09]. http://mp.weixin.qq.com/s/w/9QBvLbozm9n5snssRVA9.

第三，现代广告策划思维方法论要求的第一态度是"真诚"、第一场景是"真实"、第一条件是"真货"！真诚的效果将高于任何招数和套路。

第四，反对"阴谋论"，提倡"阳谋"型传播策划，以光明正大的整合传播策略因势利导，以商品质量的实力撑起品牌文化和品牌形象。

第五，优秀的广告专业全案服务商会主动延伸广告主的品牌管理战线。内，深入到商品的生产或创制环节，帮助乃至监督广告主严把商品质量关，使营销传播策划始于商品的生产初端；外，跟踪广告效果的反馈，深度参与社交平台上的消费者互动活动，分析反馈内容，发现问题并第一时间将活动引向正途，无论是在生产环节还是在传播环节都主导舆论的走向，及时将品牌舆情引向正途。

案例一：好策划生于好内容

——从电视剧《人民的名义》热播看策划的真诚性

2017年4月，51集电视剧《人民的名义》在湖南卫视首播后很快火爆荧屏。"4月28日，反腐剧王《人民的名义》大结局，根据广视-索福瑞（CSM）公布的数据，单集收视率破8，创下近10年来国产电视剧的收视最高纪录。不难看出，《人民的名义》从破4到破5仅用了数天，从破6到破7仅用了1天，创下近10年国内电视剧史最高纪录，成为21世纪收视率最高的电视剧，已经与春晚比肩。"① 同期全网点击量也破百亿，《人民的名义》堪称收视率和口碑双双飘红（见图1-1）。

图1-1 电视剧《人民的名义》剧照②

---

① 瑞丰.2017年上半年电视剧六大关键词：爆款、现实、造假、泄密、植入、抄袭[EB/OL].[2017-07-01]. http://www.sohu.com/a/153647815_154166.

② 本书选自各种微平台的图片均以图片右下角的媒体出处作为标注，这里不再单独脚注，特此说明。

一、万千宠"媒"抵不过好内容

1. 只有新媒体能红吗

近年来,智能手机普及,Wi-Fi 加速覆盖,终端 APP 走向各个应用领域,网络视频内容丰饶,短视频吸金纳资,户外大屏争相竞彩,直播方兴未艾,移动终端的随机、随时、随场景更是俘获了几乎全年龄段的读者、观众、听众等各种媒介受众(我们统称为用户)。于是,唱衰电视似乎成为部分新媒体机构或新媒体人的日常作业。然而这些,并未改变一个基本的格局:2017 年 4 月的一部电视剧在一家电视台的热播,给了以上种种现象级事态一个措手不及的回应。这部反腐主题的正剧《人民的名义》在湖南卫视播出以来,收视率、热评、话题等不断刷新。好剧不问媒介,在哪里播出就在哪里火爆!毕竟,媒介是传播工具,内容才是公众消费的核心产品,集万千宠爱于一身的各种新媒介样态,抵不住一个扣人心弦的好内容。

广告策划,如果以媒介为开端,并始终以传播工具为核心,无论策划者多么精心布局和周密预测,都难有十足的能力控制风险,更难有十足的把握完胜。

2. 湖南卫视的画风变了吗

湖南卫视向来以"快乐"的品牌形象吸引年轻观众,如果遵循其日常的定位和屏幕画风,湖南台是不可能播出这种正剧的。"可是万万没想到,这部剧自开播开始,迅速走红,不仅俘获了中老年人的心,连年轻人也被迅速吸粉。感觉不看个《人民的名义》,出去连基本应酬的话题都成问题。值得注意的是,与以往的热播剧电视台收视率平平网上点播率居高不下不同的是,《人民的名义》在电视台和网站都保持着傲人的成绩。在湖南卫视平台上,该剧周日(4 月 9 日)收视率已经破 3,而网站的点播总量一周多时间累计播放量突破 5 亿。不仅如此,《人民的名义》在网上的话题热度也是高居不下,党媒党刊更是对《人民的名义》赞赏不已,该剧从民间到政府、从电视到网络、从青年到老年,获得了全方位的成功,完全突破了老专家们所谓细分受众的限制。"[①]

[①] 媒体上校.《人民的名义》的热播,打了媒体圈的老专家一记耳光 [EB/OL]. [2017-04-16]. http://www.sohu.com/a/13434646z_675583.

图1-2 电视剧《人民的名义》之正剧画风

庄重、严肃、党纪、国法……如图1-2剧照这般画风，其调性似乎与湖南卫视长期以来形成的"欢歌笑语闹荧屏"截然不同，更与湖南卫视经常播出的"玄仙古悬"类电视剧的风格格格不入。那么，《人民的名义》赢在何处？

在一些媒体人的前期预测中，很难想象由湖南卫视播出《人民的名义》的收视情况和年轻观众的反应，这是再正常不过的常规思维。据说在该剧拍摄的过程中，曾有四五家电视台都去过剧组现场探班，也曾有过购剧的意愿。然而，《人民的名义》出人意料的"大尺度"反腐剧情和画面以及题材的敏感性使一些机构望而却步。"从50家投资方'逃跑'，到投资收益率100%，在《人民的名义》开拍前，因为剧本尺度太大，多家投资公司逃跑。很多家投资公司担心这部剧的尺度会在审核时导致该片被毙掉，最后竹篮打水一场空，在犹豫不决时最终还是选择了退出。甚至一些公司签约后宁可毁约，也要退出。导演李路透露：有超过50家投资方因为担心尺度和风险，最终没有参与投资。其中有一些投资方甚至已经签约，最后选择毁约退出。而项目进行过程中的2000万资金缺口，最终还是靠李路跟几个老熟人以拆借形式'要'来的，最后一笔资金在开拍15天后才补齐。"[①] 湖南卫视在台长的亲自带领下，未等电视剧拍摄杀青便于2016年5月签订了最终的销售合同。看中内容！这种购剧的眼光和勇气使他们成功收获了这部年度现象级的电视剧。湖南电视台的这一决策是非常值得业界和学界反思的。

当然，《人民的名义》还赢在由好内容引出的市场推广的好策划。好内容牵动了大视频网站的跟进：2016年底，PPTV的经营团队在看过两集《人民的名义》样片后，快速决断地买下了网络播放的独家版权。主创和发行机构台网共振、交互传播，网络专业策划推广、汇聚民心、设置话题、物料投放，匹配好内容的好策划自然当赢！

---

① 人民的名义收官，收视10年最高，最大的赢家竟然是……[EB/OL]. [2017-04-30]. http://hews.ican.com/2017/0410/126016.shtml.

二、好内容的界定

对于传媒产品来说，什么才算是好内容？有网友称，观众爱看的电视剧就是好剧。那么，观众爱看什么？这里的观众需要细分吗？

1. 什么是传媒产品的"好内容"

近年来，党中央三令五申，坚定且大刀阔斧地开展反腐工作。我国主流媒体也不时通过电视、网络等公众媒介平台推出相关纪录片，曝光一些贪腐官员认罪伏法的影像实况，既展示我党反腐工作的成绩，同时也表达我党反腐的决心。这使"反腐"成为时下的主旋律！《人民的名义》讲述了以侯亮平为主角的检察官与各级贪腐分子斗智斗勇的曲折故事，其中的精彩情节强烈反映出我党反腐的坚强决心和打击力度。这部电视剧的播出使反腐又一次成为百姓街头巷尾热议的话题，而且被媒体人称为："救了卫视收视率，救了视频网站的流量，救了社交媒体的话题榜，救了自媒体小编的KPI，甚至救了中国小半个娱乐圈。围绕这部电视剧的讨论和再创作，甚至有演变成为一种亚文化的趋势。"①

透过以上现象探究其原因不难发现：需求，受众或用户的心理需求是决定传媒产品市场成败的关键因素，在满足受众心理需求的同时引导受众的正向思考并激发其正能量，是传媒产品价值的核心要素。以上关键因素与核心要素，是构造传媒产品"好内容"的基本条件（见图1-3）。

图1-3 《人民的名义》代表了民众心声

关于传媒产品如何才能具备"好内容"，就这部电视剧而言：

- 好好说话：符合社会主旋律和主流人群的价值观导向；
- 深入内心：切中了广大受众的深度心理需求；
- 正向思考：引发了社会公众对腐败现象的进一步反思；
- 视觉享受：纸币墙等画面构图展现的传播符号使受众大饱眼福；
- 激发正能量：正面形象的精神激励激发了社会的正能量。

---

① 耿牧风. 救了主旋律电视剧，达康书记或许还能救救直播平台[EB/OL]. [2017-04-13]. http://www.sohu.com/a/133831695_250147.

2.《人民的名义》好在哪儿

首先,《人民的名义》切合了"人民"这一最具普遍意义的社会公众,符合社会主流人群的意识形态和价值观取向,把握住了观众的"痛点"并且"扎心",自带公众利益。众所周知,党的十八大以来,我国反腐斗争工作在国内外的涉及面之广、影响之大堪称前所未有,反腐早已成为一个公众话题并且是民心所向。尽管是一部政治题材的电视剧,但《人民的名义》却在爆点和细节上非常接"地气",唤起了人民群众的情感共鸣和反思。"《人民的名义》在一个宏大的国家层面的反腐叙事主题中,插入了细微的符合每一个观众生活经验的生动细节,缝合了国家层面的反腐与个体层面的腐败感悟的裂痕。通过诸如'小皮球'在学校里为踢足球要向队长行贿,地方银行贷款要按照规矩返点,以及纷繁复杂的同学、父子、师生、联姻产生的官场群像刻画,满足了观众的审美预期和生活经验的再确认,从而让观众获得了一种无比接近现实的观看快感,这是目前国内正剧所缺乏的东西。在一个自我意识不断觉醒的社会中,无法与观众个体经验重合或不能与观众产生情感共鸣的电视剧,无法成为现象级的作品。"① 近年来,荧屏上一直缺少这样有力度、有现实观照的反腐大剧,这就为《人民的名义》打下了坚实的市场基础。

其次,《人民的名义》切中了百姓的心理需求,从而成为一部名副其实的大众剧。从电视剧题材来看,根据"受众细分"的营销套路,《人民的名义》的细分人群似乎是那些关心时政与时局的中老年男性,然而剧中内容却关涉社会公众的集体利益,迎合了各类受众的心意。因此,无论其在哪个电视台、哪个频道播出,都改变不了其能够成为"老少皆宜"的大众产品的内蕴。由于作品与现实相互辉映,《人民的名义》播出后好评如潮。观众在社交媒体写道:"这部电视剧非常真实,鼓舞人心。""这部电视剧看得我都哭了,就是这些腐败的毒瘤一直在危害人民群众。"正如图1-4中

图 1-4 电视剧《人民的名义》剧照之"小官巨贪"

---

① 媒体上校.《人民的名义》的热播,打了媒体圈的老专家一记耳光[EB/OL]. [2017-04-16]. http://www.sohu.com/a/13434646z_675583.

的"小官巨贪",剧中赵德汉这样的"小官"或许就在我们的周围。剧中演员惟妙惟肖的角色表演强化了观众的被带入感,从受众观剧后的反馈足见剧情内容之深入人心。

图 1-5 电视剧《人民的名义》剧照之"现金墙"

如图 1-5 剧照之"现金墙",对于一般百姓来说这是难以想象的场景,观众"大开眼界"。电视剧对腐败问题如此大尺度曝光的做法,在作为主流媒体的电视屏幕上极为罕见;对"巨贪"的真实写照,也极大地发挥了视频符号的传播威力。在对电视观众的感性刺激中潜埋着深深的理性牵动,又可能撩起人们五味杂陈的感受,这样的内容符号,其传播的心理作用不容小觑。

再次,电视剧《人民的名义》通过角色的"人设",成功地踏上了"互联网+"的高速路,使达康书记的"萌"和表情包迅速在新媒介社交平台上扩散,这不仅进一步助推了电视剧收视率的提升,同时还有益于湖南卫视将快乐年轻人之人脉拓展到各个年龄段观众。在一部正剧的角色里,竟能出现"萌"态的达康书记并衍生出达康书记的多种表情包,尽管这是由电视剧的广告传播策划所拉动的,但就凭剧情内容对电视剧线上推广活动的支撑与印证,不能不说这是一部名副其实的时代精品(见图 1-6)。在该电视剧火爆荧屏不久,各路"迷弟迷妹"便在网络社交平台上分出派别,有"达康粉"和"育良粉"等,一场网络狂欢式的粉丝"互撕"开战:什么"别低头,GDP 会掉""别流泪,祁厅长会笑"。同时,各种段子也在社交媒介上横飞,达康书记的表情包在微信中流传,这种推波助澜所引发的关注,使该剧的收视率进一步攀升。

图 1-6 电视剧《人民的名义》剧照之达康书记表情包

最后，与电视剧题材相关的政府权威部门的出品标识，其影响力和号召力不可低估。微信公众号"财经早茶"2017年4月5日的报道称："《人民的名义》仅10天就过审，审委组熬夜看完55集。""财经早茶"还将这条讯息作为了封面新闻："4月3日，小长假第二天，被称为'史上尺度最大反腐剧'《人民的名义》刷屏朋友圈，被不少年轻人点赞。据了解，电视剧《人民的名义》拍完送审时，仅仅10天

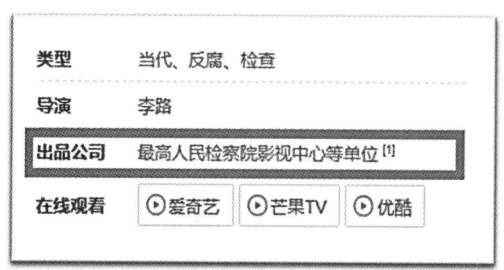

图1-7　电视剧《人民的名义》出品单位的网搜

就通过，审核部门熬夜一个礼拜就把55集全部看完了。"同时，如图1-7出品单位的网搜所示，将"最高人民检察院影视中心"作为电视剧出品人之一，无疑使该剧的推出先声夺人、掷地有声、权威有力。如此背景，审查时必然获加分。源自政府权威部门的题材和数据也助推了这部剧的热播。

三、好内容源于编创时的好策划

《人民的名义》意外霸屏，没有小鲜肉、没有大IP，题材又是收视率重灾区的反腐正剧，却出其不意地成了爆款剧，不但引来了正剧的传统受众60后、70后男性群体观看，也激发了大批年轻观众及女性观众的追剧狂潮。《人民的名义》之所以能取得如此好的传播效果，微信公众号"广告主观察"总结了五个"套路"[①]：

套路一：符合社会主流——主流人群想要啥我就给啥；

套路二：反常规——与以往的正剧非常不一样；

套路三：反差——与观众的预期很不同；

套路四：激发好奇心——哎呀妈呀，大坏蛋到底谁是啊；

套路五：娱乐化——60后、70后、80后、90后受众群通吃。

这里，如果仅以如上"套路"来概括电视剧《人民的名义》之成功原因，恐怕会显得过于模式化和套路式。纵观全程，从电视剧作品的思想内容到镜头语言

[①] 徐颖.《人民的名义》，爆款剧背后的产品和营销套路[EB/OL]. [2017-04-19]. http://www.meihuu/a/b9139.

的符号表达，可以发现"正剧"与"逆袭"是这部电视剧之所以成功的独特蹊径。

1. "正剧"就是要好好说话

从内容视角来看：《人民的名义》贴合了当前"反腐"这一社会主旋律，有话好好说，还要说实话，抓住"痛点"最扎心，这是这部剧成功的第一要素。2004年，由于电视剧作品制作水准良莠不齐，国家有关部门决定限制反腐题材电视剧的制作与播出。于是近十几年来，反腐题材的电视剧几乎在我国电视台的黄金时段中消失。而这部《人民的名义》的问世，正逢天时、地利、人和，其故事情节似远却近，镜头直接切入近年来我国反腐一线的实景，与之前媒体报道过的现实中的反腐大案情节对应。剧中各个角色的台词直白鲜明，摒弃了"非白即黑"两分化极端式的人物设定，剧中充满正气，大小细节、句句道白都表达了最广泛的人民大众的直接利益。在近年来的荧屏上，鲜有像《人民的名义》这样获得如此高收视关注度和话题热议度的主旋律正剧。

无疑，《人民的名义》是成功的，无论是在社会反响方面还是在经济收益方面，都是成功的。值得反思和总结的是：如果一切按照套路出牌，或步步跟风，无论哪个产品、何种媒介，都"只能是个尾随者，终有一天会在随波逐流中淹死自己。只有凭借勇气、魄力和能力引领时代风气，才能成为经典的传说。毫无疑问《人民的名义》做到了，湖南卫视也做到了"①。"据传媒头条报道，《人民的名义》成本200万元/集，总投资额逾1亿元，最后以2.2亿元的价格出售给湖南卫视，相当于400万元/集，投资收益率几乎为100%。"② 电视收视率和网媒流量的赢取最终靠的是优质的内容。

2. 正剧的"逆袭"更猛烈

逆袭一：反腐电视剧的稀缺性。盘点我国的电视剧题材不难发现，近些年来，各类仙侠玄幻古装剧不断"迭代"，近十几年来鲜有这类反腐题材的正剧出现在电视荧屏上。而《人民的名义》出手不凡，以"大尺度"曝光了当下我国存在的腐败现象，让观众不得不为该剧的制片人、编剧、导演等主创人员的选题魄力点赞。

---

①② 媒体上校.《人民的名义》的热播，打了媒体圈的老专家一记耳光[EB/OL]. [2017-04-16]. http://www.sohu.com/a/13434646z_675583.

逆袭二：老戏骨成新网红。在"颜值""小鲜肉"以及年龄无下线的"青葱"面孔充斥荧屏的今天，《人民的名义》拥有张丰毅、陆毅、吴刚、张凯丽等40多位资深演员，其报酬总共只有4800万元，还不抵一个小鲜肉的片酬，但这些老戏骨的精彩表演却撑起了一部优质剧的半边天。在当下，无论是传媒产品市场还是日用品消费市场，考虑年轻受众的需求似乎已成为大多数商业决策的主要取向。就连一些专家、学者也在呼吁"得90后者得天下"，电视剧要考虑年轻受众。此种环境下，电视剧《人民的名义》却避开了一众"小鲜肉"，大胆起用了几位"老戏骨"。这些"老戏骨"不负众望，大飙演技，他们凭借自身的生活阅历和表演功力，不仅成就了这部电视剧，有的还使自己成为新的"网红"。

逆袭三：时代元素对正剧套路的突破。多年来，正剧的套路已被人们所熟悉：角色泾渭分明、台词正颜厉色、英雄大义凛然、反派穷凶极恶……充斥着套话、大话、官话等。然而，电视剧《人民的名义》中的人设并未刻意加强某个主角的戏份，而是展示出一组组"群像"，众多角色个性分明、性情多维。尤其是一些顺应了时代场景的镜头和对白更加贴合如今人们的表达风格，如：

贪官赵某："我家祖祖辈辈是农民，我是农民的儿子，穷怕了。"

检察官："你大把大把捞黑钱的时候，怎么没想到自己是农民的儿子？中国农民那么倒霉，有你这么个坏儿子？"

贪官赵某："我知道我有罪，我对不起党，对不起人民……"

检察官："别说了，像你们这种人，党和人民就是专门用来对不起的。"

另外，诸如"我可以叫醒一个睡着的人，叫不醒一个装睡的人。""他那不是挂帅，是挂名。""处长算个屁，在北京，一板砖下来，能砸倒一大片处长。"……这些非"正统"风格的台词给了观众足足的带入感，这些语言的力量几乎裹挟了所有年龄段的观众，使所谓"受众细分"规则在时尚元素的画风中土崩瓦解。越是反套路、反常设的东西，越可能脱颖而出，一部正剧敢于逆袭的效果令观众惊喜，也使主旋律电视剧更好看。

四、好内容值得好策划去推广

按照当下的影视剧市场竞争态势,一部"爆款"剧的背后一定有"推手",这是毋庸置疑的,也无可厚非。纵观往年的电视剧收视率,能够破 2 已经算得上是现象级了。而《人民的名义》从首播起便强势破 1,之后一路走高,播至 40 集时在 CSM 52 城市网创下了 5.77% 的单集收视率,超越了 2011 年被称为"收视神剧"的《回家的诱惑》,同时刷新了近 10 年来省级卫视收视率的最高纪录。播至第 49 集时再创新高,于当晚 21∶37 时实现了收视率破 8(见图 1-8)的成绩。

图 1-8　电视剧《人民的名义》之最高收视率

电视剧《人民的名义》如此好的收视成绩,除了具备好内容,更离不开在营销传播环节基于好内容的好策划,其"互联网 +"的线上推广路径极大地发挥了线上内容传播的迅捷性与交互性,使营销讯息高速且有效地散播。尽管这一点是现代营销传播的常态,但在这部剧的市场推广策划中确实效果喜人。一定意义上讲,《人民的名义》的走红离不开网络传播的爆发力,更准确地说是依靠了网络主力推手——90 后等年轻人"自来水"般的推广。

1. 电视剧开播倒计时的海报传播

在电视剧开播之前,《人民的名义》倒计时海报在官微上线。"给电视成立一个官微,那是必须的。先来一波倒计时海报,这是片子上映的惯例。给观众一种期待感。"① 虽然广告海报的形式中规中矩,但却在主色调、文案以及图形符号方面用足心思,结合汉字成语的相关性,掷地有声,在电视剧官微等媒介隆重上线(见图 1-9)。

---

① 《人民的名义》火爆背后,值得学习的营销手段 [EB/OL]. [2017-04-10]. http://www.news.icanchai.com/2017/0410/126016.shtml.

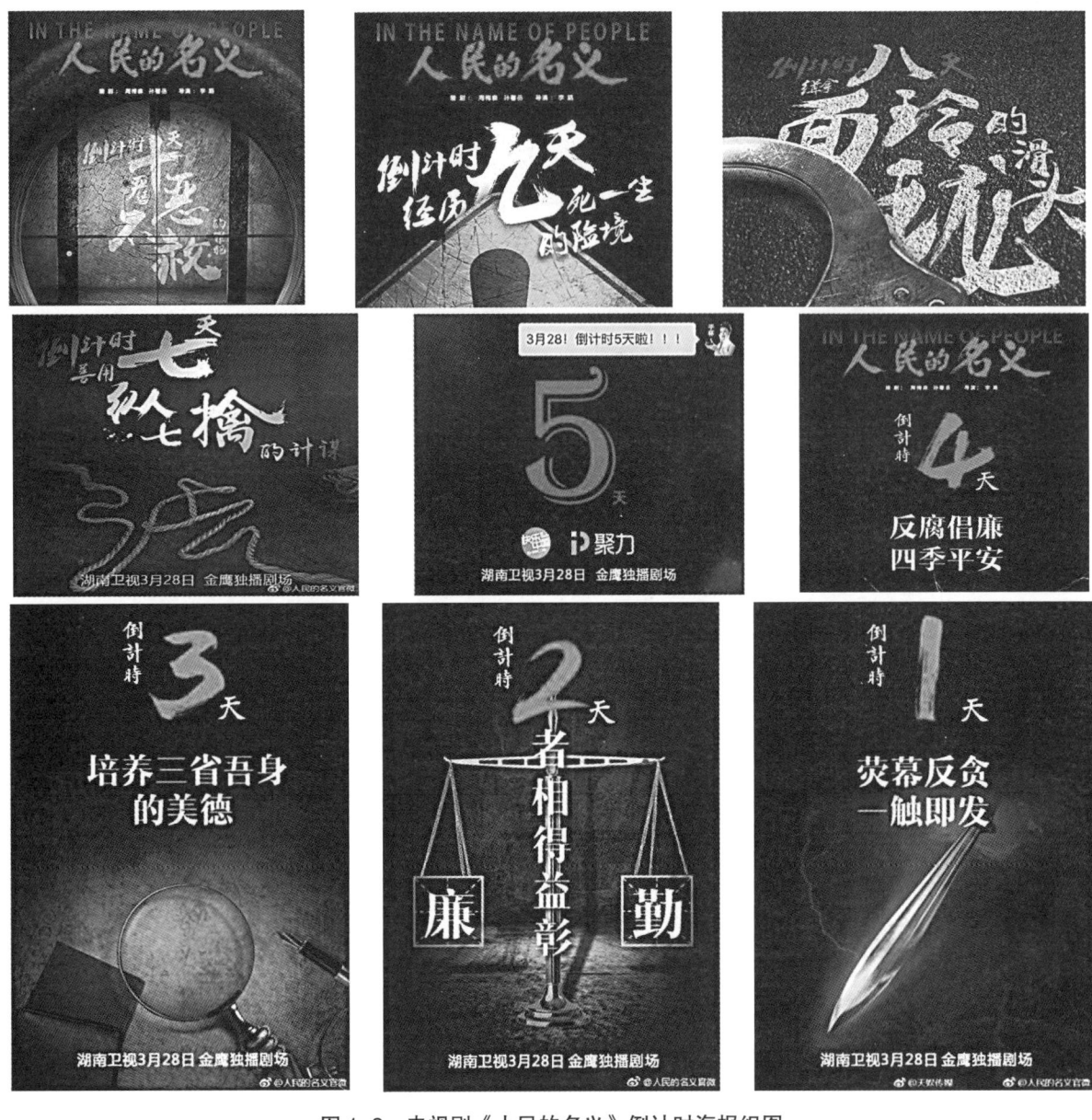

图1-9 电视剧《人民的名义》倒计时海报组图

除了倒计时海报,一幅幅充满张力的告知性海报也同期通过各路传播媒介扑面而来,这些海报本身就很带感,被称为"带有时尚大片的即视感",从而使电视剧的主题风格一览无余(见图1-10)。

图 1-10 电视剧《人民的名义》告知性海报

2. 伴随情节推进的阶段性话题传播

配合整部电视剧播放的剧情内容，电视剧传播团队在微平台上不断设置相关的话题，引导自媒体们迅速发酵，并通过舆论引导观众深入到电视剧情景的思考中，成功地引发了更多网民关注并观看电视剧。PPTV聚力视频副总编辑李珺玮曾对记者解释这部剧在市场推广中的整体内容传播思路：根据播出节奏进行怎样的话题引导，在播出前就已基本定下——播出前主打制作精良、群戏的概念；播出期间主打人物线，前期李达康、中后期赵东来、结尾祁同伟。[①]就线上传播而言，随着剧情的推进，根据不同的内容和观众反馈设置不同的话题，引导一轮又一轮的线上讨论，这尽管是文字符号传播的非（硬）广告形态，但却具有吸引更多受

---

① 《人民的名义》网络推广路径：一场始于李达康的观众互动 [N]. 21世纪经济报道，2017-04-26.

众深入参与互动的强大吸引力。手持自媒体,边看边评边发声,已经成为现代人的观剧习惯。所谓的"热剧""爆款剧"就是这样交互影响、互动传递、自发散播出规模的,这一点从社交平台的数据反馈中可以得到证实(见图1-11)。

图1-11 《人民的名义》播出10天后官微反馈数据[①]

就《人民的名义》官方微博来看:该话题阅读量达7.6亿次、讨论量41.8万次、粉丝量2.8万人。借助微平台,电视剧传播团队引导观众在不同阶段关注不同的讨论内容,如前期人们的关注热点是市委书记李达康这一角色(见图1-12)。

这个阶段,由"达康书记"延伸出的各种话题不断爆发出来,话题主持人除了媒体人,也有普通网友,但阅读量都表现不俗。甚至有人制作了电视剧人物关系链,观众对剧中角色的讨论聚焦于对人性的探讨和对命运的思考(见图1-13)。不仅如此,这种关注和讨论还延伸到了剧外制作的各种"达康书记"表情包上(见图1-14)。例如,在关于"达康书记"的各种话题中,一个"达康书记不低头"的话题在不到10天的时间里就获得上千万次的阅读量。随着剧情的推进,在电视剧即将收官时,剧中的公安厅长祁同伟也成了社交媒体中被讨论得最多的人物。

---

① 图片来源:《人民的名义》火爆背后,值得学习的营销手段[EB/OL]. [2017-04-10]. http://www.news.canchai.com/2017/0410/126016.shtml.

图 1-12 电视剧《人民的名义》中的"达康书记"成为网络热搜①

3. 紧扣剧情的线上物料传播

《人民的名义》在电视台播放期间,电视剧制播机构除了在官微上设置话题,还随着剧情的推进创制投放了不同的物料,使文字讨论与符号表达交互补充、相得益彰。"舆论走向的背后,除了剧情本身的推进,也有网络推广操盘手们的精心布局。PPTV 与湖南卫视、金盾影视三方共同承担剧宣工作,其中 PPTV 侧重网络物料的制作及投放。包括表情包、'鬼畜'视频等在内,PPTV 为整部剧共制作了上百支物料。而网络疯传的表情包、'鬼畜'视频等物料,更是快速地让《人民的名义》在年轻观众中圈粉,反腐类现实题材剧也第一次出现了打破年龄限制的局面。"②《人民的名义》在湖南卫视播放后不久,网上便开始疯传剧中市委书记李达康的各种表情包。紧扣剧情、一波又一波的线上物料,人们的转发、评论以及再创作,使剧中人物李达康和这个角色的扮演者足足"嗨"了一把!李达康的扮演者吴刚也成了"网红"。

---

① 图片来源:《人民的名义》火爆背后,值得学习的营销手段 [EB/OL]. [2017-04-10]. http://www.news.icanchai.com/2017/0410/126016.shtml.
② 《人民的名义》网络推广路径:一场始于李达康的观众互动 [N].21 世纪经济报道,2017-04-26.

图 1-13　电视剧《人民的名义》关于"达康书记"的各种话题①

---

① 图片来源：《人民的名义》火爆背后，值得学习的营销手段 [EB/OL]. [2017-04-10]. http://www.news.icanchai.com/ 2017/0410/126016.shtml.

图1-14 电视剧《人民的名义》"达康书记"表情包

图 1-14 列示的还不是与这部剧相关的表情包的全部，网络上各种各样的表情包还有很多，有些尽管更滑稽更富有内涵，却因为配图的文字欠雅不便在这里呈现。当下，表情包是最吸引年轻群体的传播形态，在媒介平台社交化的过程中，表情包已经形成了一种新型的符号沟通形式和流行文化，其特有的夸张性自带趣味性，其特有的幽默感自带互动性，是一种能有效提高电视剧内容与观众之间交互宣泄情绪的传播形态，可以提高剧情的曝光度和转发速度。加上这部电视剧题材的正统性，可以说从几岁的小朋友到几十岁的中老年受众都适合看，荧屏内外老少皆宜。适时、适度、适内容的各类线上物料符号是吸粉和引流"自来水"的关键，于是网友们的各路画风迅速跟进，各方高论自来水般地倾泻，使这部剧成了名副其实的大众剧（见图 1-15）。

图 1-15 电视剧《人民的名义》为达康书记创制的线上物料②

多社交媒介平台的整合，可以把推广品牌的各种长篇评述、短文评论、图片、问答、短视频和长视频等广告传播符号形态一并整合进来，从而收到观众即时的反馈和交流互动（见图 1-16）①。

4. 多媒介微平台的内容传播

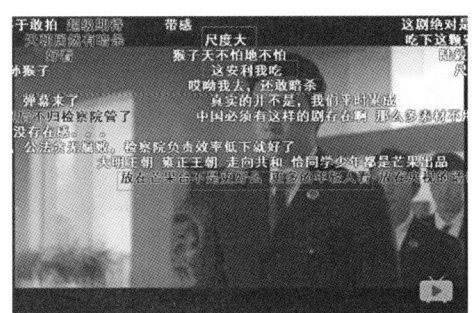

图 1-16 电视剧《人民的名义》弹幕反馈

《人民的名义》的市场推广策略既整合了我国的主流媒体，如《人民日报》、共青团中央等以及 KOL（Key Opinion Leader，即关键意见领袖们）的强势发声，也融合了一些在社交媒介领域有代表性的自媒体平台的渗透性传播，从而充分发挥了当代社会化媒介的整合互动传播效力（见图 1-17）。

---

① 图片来源：《人民的名义》火爆背后，值得学习的营销手段 [EB/OL]. [2017-04-10]. http://www.news.icanchai.com/ 2017/0410/126016.shtml.

案例一：好策划生于好内容 | 27

图 1-17A 电视剧《人民的名义》多媒体微平台的内容传播

图 1-17B　电视剧《人民的名义》多媒介微平台的内容传播[①]

---

① 图片来源：《人民的名义》火爆背后，值得学习的营销手段 [EB/OL]. [2017-04-10]. http://www.news.icanchai.com/ 2017/0410/126016.shtml.

5. 户外传统媒介的整合传播

"除了线上投放,线下物料也是重点,这其中包括公交站牌、机场、高铁站LED等。具体分工上,湖南卫视的投放阵地主要放在机场和高铁站,街面广告则是PPTV负责。线下我们主攻公交这样的街面广告,而不是楼宇。为的是放在更大范围的人群中覆盖。"① 线下传统媒介的投放,除了湖南卫视自身的电视节目预告外,在全国范围内形成声势的当属传统的户外媒介。一时间,电视剧《人民的名义》的户外广告不仅承包了北京的地铁车厢,还在全国各地的飞机场、公交车站、商贸大屏等场所连连曝光(见图1-18)。

图1-18A 电视剧《人民的名义》户外广告传播②

---

① 《人民的名义》网络推广路径:一场始于李达康的观众互动[N].21世纪经济报道,2017-04-26.
② 图片来源:《人民的名义》火爆背后,值得学习的营销手段[EB/OL].[2017-04-10]. http://www.news.icanchai.com/ 2017/0410/126016.shtml.

观察电视剧《人民的名义》的品牌定位，如果按照传统的广告传播策划程序，首先要在电视剧市场给这部剧一个品牌定位——"这是一部良心制作的群戏。一部好剧，群戏最难。"PPTV 聚力视频副总编辑李珺玮首先给出了定位。通过大数据检验的主题抓住最广泛的民众心理，于是"群戏"成为电视剧进行网络推广的第一个"卖点"。播出前期，PPTV 品牌部等在知乎、豆瓣等社交平台上设置话题，让用户接收到"一部好戏，群戏最难"的信息。这显然起到了一定的作用，在引起网络讨论的同时，聚力传媒副总裁陈旭华告诉记者，本来对版权不感兴趣的其

图 1-18 电视剧《人民的名义》户外广告传播[①]

---

① 图片来源：《人民的名义》火爆背后，值得学习的营销手段 [EB/OL]. [2017-04-10]. http://www.news.icanchai.com/ 2017/0410/126016.shtml.

他视频网站也开始向 PPTV 抛出橄榄枝，希望成为该剧的分销商[①]。电视台最后的收视效果和网络点播量证实，其品牌定位已被公众接受。

总结电视剧《人民的名义》在市场推广中对卖点的挖掘，可以看到其在营销策划环节的三个层次：核心产品、有形产品和附加产品。人们对既有的内容——核心产品层次已经无能为力，能做的就是依据产品已经固有的元素创造形象并进行创意传播。于是，在电视剧播放的第一周，剧中的"重彩"人物李达康便成为形象"人设"的首选。"抓到这个点的推广团队立刻将李达康作为第一个重点人物进行延展。不出所料，'达康书记表情包'放出网络后迅速爆红，李达康也成了网红，相关物品甚至出现了淘宝同款，弹幕中更是满屏与达康书记有关的内容。配合相关拍摄花絮和素材，PPTV 又为他做了'鬼畜'视频、人物小剧场等。近期，还放出'达康 CP'，包括高育良 & 李达康、沙瑞金 & 李达康。我们做宣传，自己首先就是观众，这些人物打动了我们，我们就把打动的点做总结、提炼。那些打通我们每个人的共通点，就是可能的爆点，我们会把它放大。……除了表情包和话题引导，PPTV 的物料还包括互联网花絮、主创人员人物解读、人物小剧场等，共有上百支物料。12 人团队中的几位制作人员，在播出前用 3 周制作了 70% 的物料，播出的前 4 周制作最后一批。"[②] 这样，李达康成了这个剧中最先出彩的角色。之后，赵东来、祁同伟等角色也随着剧情的发展依次被上线推广。

重识舒尔茨的整合营销传播理论，这是当代数字媒介环境下的必然选择。这里包括对众多因素的整合：

1. 团队的整合

"在整个过程中，将舆论向正确的方向引导，是 PPTV 整体推广的主导思想。金盾影视中心制作的物料格调偏严肃、庄重，而 PPTV 的整体色调偏漫画、水墨画"[③]。各个合作团队之间的整合使传播既特色鲜明又优势互补。

2. 讯息的整合

通过剧中不同角色物料的投放，我们看到了剧中各个人物的"彩点"和扮演者的实态，如李达康的"守底线、情未泯"、祁同伟的"胜天半子"、高小琴的"这个阿庆嫂不简单"、高育良的"从来没有汉大帮"，甚至还有戏份不多的祁

[①②③] 《人民的名义》网络推广路径：一场始于李达康的观众互动 [N].21 世纪经济报道，2017-04-26.

同伟的妻子梁璐的"没认出来《人民的名义》里还有这位著名女演员，周迅视她家为恩人"[①]等微文的推出，着实把剧中演员们逐一"数落"了一番。

3. 媒介的整合

《人民的名义》的推广既有我国主流媒体的强势传播，又有多平台社交媒介的先声夺人。"人民日报官博发了至少有5条相关内容，涉及海报、视频、花絮、专访等，除了各路媒体，还有党政机关、公安机关。"[②]各路媒体的整合传播强化了电视剧内容的权威性和讯息的覆盖范围，将内容营销推广到了最广泛的受众群。多社交媒介平台的整合不仅可以把推广品牌的各种长篇评述、短文评论、图片、问答、短视频和长视频等各种广告传播符号形态一并整合进来，还可以收到即时的观众反馈和交流互动。

4. 最终的效果分析

从剧情内容到市场传播推广，电视剧《人民的名义》各个环节的策划和执行效果已经通过"爆款剧""网红剧"等口碑表现了出来。"此次网络推广的总成本大概在5000万左右，包括线下在苏宁集团的4000家门店、LED屏的推广费用以及物料制作、人力、推广费用等。宣传成本的投放换来了相应的商业回报。随着电视剧热播，只有3家投放广告主，如今已经增加至20家左右，广告费用也随着热度升高。"[③]尽管电视剧具体的投入与产出比尚难以精准的数字公布出来，但在一系列漂亮的数据背后，电视剧的制作方、发行方和播放媒体等在良好的社会效果基础上无疑获得了相当的经济效益。一部正剧最后能够收获如此优秀的传播效果，这一点值得人们去总结和反思。

> **关键词与要义**
> ☆ 好内容：反腐、正剧、群戏、最大尺度、老戏骨、新网红等
> ☆ 好策划：阳谋、话题营销、人设、微平台、阶段性推广等
> ☆ 顺势而为：微文推广、表情包、"鬼畜"视频等物料

[①] 没认出来《人民的名义》里还有这位著名女演员，周迅视她家为恩人 [EB/OL].[2017-04-10].https://news.china.com/news100/11038989/20170410/30404529.html.
[②] 《人民的名义》营销手段 . [EB/OL]. [2017-08-17]. http://blog.sina.com.cn/u/6147401318.
[③] 《人民的名义》网络推广路径：一场始于李达康的观众互动 [N].21世纪经济报道，2017-04-26.

第二讲

广告策划与整合传播的定位策略

这一讲的核心是：当我们确认了一个值得策划的商品之后，如何为这个商品的品牌传播定位。

阐释一个理念：品牌定位①作为广告策划中的首要工作，要有科学性。

品牌定位的"科学性"指品牌的定位既要遵循客观依据，也要摆正文化价值取向，这是形成产品品牌传播长期效果的基础保障。作为商业传播活动的广告，既有长期目标，也有中期、短期或者阶段性的目标。从根本层面去分析，广告专业化地生产和打造品牌并对品牌进行更新换代，是品牌发展的长期需求，属于品牌建设的长期目标。一些短期或者即时性促销信息，当然也属于广告现象和广告活动，但它们基本上属于告知性的商业信息传播，其策划与创意的含量较低。故此，我们这里阐述的广告策划，是针对广告品牌的传播管理行为，属于广告品牌建设与发展的长期目标。品牌定位的基础是差异化，指在消费者或者用户心中在某一方面占有相对独一无二的优势地位。品牌定位也不能一"定"终身，而要随着传播环境等诸多因素的变化而调整、理新。只有与时俱进、不断跟进并适应消费者心智的品牌定位策划，才可能保证品牌在市场传播中言之有物、个性鲜明、符合受众的认知规律，最终留住消费者或者用户，实现品牌的可持续升值，最终完成品牌的升级。

---

① 品牌定位是传播者为商品在市场传播中构建品牌形象而策划出来的，是为力争在消费者心智中建立起品牌而非生产者的位置而在商品的生产中针对产品的质量、成分、结构、形态以及价格等方面具体规格的产品定位。尽管商品的品牌定位和产品定位有关联，且终级目标是一致的，但两者在内容、本质和目上都有所不同。

一、广告策划长期目标的实现更有赖于品牌定位

1. 广告策划是使品牌在市场胜出的必要步骤

关于广告策划,传统广告学的界定是:"根据广告主的营销计划和广告目标,在市场调查基础上,制定出一个与市场情况、产品状态、消费者群体相适应的经济有效的广告计划方案,并加以实施和检验,从而为广告主的整体经营提供良好服务的活动。"[①] 很难想象,如果没有事前有预见、有目的和周密的品牌策划和策略决策,商品如何参与市场竞争并赢得消费者的青睐。伴随当代传媒科技的发展而出现的一系列新的市场环境因素和全媒介社交语境,相比传统媒介传播时期较为单纯的产品功能或品牌概念传播,"差异性"越来越少。因此,广告策划就显得更加重要。

从"好酒不怕巷子深"到"好酒也怕巷子深",这是商品市场在社会历史进程中质化变迁的一个标志。在这个标志出现之前,消费者的商品需求特征是从要产品到要质量;在这个标志出现之后,消费者的商品需求特征是既要品牌更要体验。因此,专业化的广告传播就必须凸显其在品牌生产、品牌塑造以及品牌升级方面的市场价值。在这一发展过程中,品牌发展的进程也逐渐由产品的功能性诉求升华到企业／产品文化,即针对品牌文化的诉求。当代市场竞争使广告策划成为品牌胜出的必要途径,但与此同时,这也对专业广告策划提出了更高的要求。

2. 品牌的市场定位是实现品牌建设长期目标的基本保障

20世纪,艾·里斯和杰克·特劳特在他们的著作《定位》一书中提出了闻名于全球商界的"定位"概念,即"如何在潜在顾客的心智中实现差异化,从而建立认知优势"[②]。为此,市场营销学奠基人、美国西北大学的菲利普·科特勒

---

① 丁俊杰,康瑾. 现代广告通论(第三版)[M]. 北京:中国传媒大学出版社,2013:228.
② 特劳特,里夫金. 重新定位——定位之父杰克·特劳特封笔之作(珍藏版)[M]. 谢伟山,苑爱冬,译. 北京:机械工业出版社,2011.

博士为《定位》一书作序，直言不讳地指出："现在，在'4P'之前，还有更重要的一个'P'，那就是 Positioning ——定位。这也是杰克·特劳特和艾·里斯在经典著作《定位》中提出的革命性概念。"[①] 1990 年，美国学者劳特朋（Lauterborn）教授在《广告时代》上发表了《4P 退休，4C 登场》一文，从消费者的立场提出了与传统营销"4P"相对应的"4C"理论，并将其写入了他 20 世纪末出版的《整合营销传播——谋霸 21 世纪市场竞争优势》[②] 中，这是关于"整合营销传播"理论的立世之作。这个后来引发了营销及传播界极大反应及热烈讨论的"4C"指的是：

- Consumer needs and wants：消费者的需求与欲望，即要卖消费者想买的产品；
- Cost：消费者愿意付出的成本，即消费者为满足需要所需付出的成本；
- Convenience：购买商品的便利性，即如何使消费者更方便地买到产品；
- Communication：沟通，重要的是沟通而不是促销。

学术理论的发展是学理逻辑发展的必然结果。以唐·舒尔茨教授为首的"整合营销传播"理论的奠基者们，针对定位理论以及"4P"与"4C"理论所进行的进一步梳理与完善，演绎出高度概括且具有社会科学色彩的"IMC"理论（Integrated Marketing Communications），即"整合营销传播"理论，使原本作为人文学科的广告商业传播增加了社会科学的属性。"IMC"理论揭示了整合的目的在于将所有与产品或服务有关的讯息来源加以管理，使顾客以及潜在消费者接触整合的资讯从而产生购买行为并维持消费忠诚度。整合营销传播的理论内涵包括几个层面[③]：

- 以消费者为核心；
- 以资料库为基础；
- 以建立消费者和品牌之间的关系为目的；
- 以"一种声音、一个形象"为内在支持点；
- 以各种传媒的整合运用为手段进行双向沟通；
- 营销与传播密不可分。

其中，"用一个声音去说，用一个形象去传播"是整合营销传播理论的核心要义。广告策划就是要探寻和找到这样的"一个声音、一个形象"，而"从

---

① 里斯，特劳特. 定位 [M]. 王恩冕，于少蔚，译. 北京：中国财政经济出版社，2002.
② 舒尔茨，田纳本，劳特朋. 整合营销传播——谋霸 21 世纪市场竞争优势 [M]. 吴怡国，等译. 呼和浩特：内蒙古人民出版社，1998.
③ 丁俊杰，康瑾. 现代广告通论（第三版）[M]. 北京：中国传媒大学出版社，2013：33-34.

消费者的行为出发，进行研究及发展营销传播计划的最基本要件便是资料库（Database），资料库是整合营销传播的核心"[①]。建立这个资料库的目的，就是要"掌握消费者的真实反应"。借此，我们重新看到了诸多阐述的背后都隐含着一个恒稳的东西，这就是"定位"。

"定位"理论之父杰克·特劳特在提出"定位"概念30年后，又提出了"重新定位"这一概念，以应对竞争、变化和危机。"这意味着中国需要更好地掌握如何在顾客和潜在顾客的心智中建立品牌和认知，如何应对国内及国际上无处不在的竞争。""有一件事很明了：继续'制造更廉价的产品'只会是死路一条，因为其他国家会想办法把价格压得更低。"[②]尽管这些表达并非今天才有，但是纵观近年来我国电商市场竞争的种种价格战，尤其是"双11"全民性购物狂欢节之所以能够诞生，其中的价格便是决定因素。为此，我们不得不感叹：当下，尽管进入了数字媒介的网络传播时代，各种互动后的优惠本质上依旧是各种变相的降价策略，多数企业的营销行为依旧停留在市场发展早期"4P"中的第二个"P"（Price）即价格上，我国本土品牌自身的成长以及国际化还远远跟不上国家发展壮大的步伐和需要。

综上，我们可以看出"品牌定位"以及品牌"重新定位"在当代社会激烈的市场竞争中的意义和作用。需要明确的是，我们在这里集中探讨的是针对前述案例的品牌定位，即企业的商品在品牌传播时的市场定位。商业企业的生存法宝是拥有具备独占性资源的商品品牌以及其在细分市场中的优势地位，这事关品牌发展的长期战略，品牌定位是实现品牌建设长期目标的根本保障。

二、新时代广告品牌定位更需要科学化

1. 新时代广告策划面临新的传播语境

"新时代"一词，源于2017年11月习近平同志在党的十九大上所作的报告：中国特色社会主义进入了新时代，这是我国发展新的历史方位。"'新时代'不

[①] 舒尔茨，田纳本，劳特朋. 整合营销传播——谋霸21世纪市场竞争优势 [M]. 吴怡国，等译. 呼和浩特：内蒙古人民出版社，1998：161.
[②] 特劳特，里夫金. 重新定位——定位之父杰克·特劳特封笔之作（珍藏版）[M]. 谢伟山，苑爱冬，译. 北京：机械工业出版社，2011.

是抽象概念，而是有科学依据、有丰富内涵的理论创新重大成果。从多个维度探讨解析'新时代'，能帮助我们更清楚地把握大势。"① 这里，我们仅仅针对商业品牌的营销，即广告传播这个领域，来探讨影响广告策划的新时代的主要特征。

广告是一种传播行为，广告传播影响力的大小与传播语境密切相关。广告品牌能否定位或重新定位，这需要一定的科学性做支撑，而科学性的前提就是要正视客观世界的真实存在，准确认知和把握可能影响广告传播和品牌形象效果的新时代、新环境、新路径因素，其中主要的维度如下：

- 新时代意味着以数字技术为特征的媒介环境下商业传播有了新路径；
- 新时代意味着传统媒介与新媒介融合后产生了全媒介传播的新平台；
- 新时代意味着市场竞争商品同质化后品牌成长或成熟期亟待升级和重新定位；
- 新时代意味着后"互联网+"时代社会公众媒介消费形成了新习性；
- 新时代意味着"文化创意+传统产业"急需深度融合的品牌文化新格局；
- 新时代意味着新《广告法》及一系列法律法规对广告市场进行新的管制。

广告策划者只有熟悉传播语境中新的变化因子，才能更好地驾驭新时代中影响广告品牌传播的各种因素，从而充分利用和发挥当代传媒技术、社交媒介平台以及自媒体交互传播等各种先进的广告技术手段，提高广告策划的效果。

2. 广告策划的科学性内涵

科学，有自然科学与社会科学之分。根据商业广告传播活动的目的来划分，广告是可以远离天地之间一些物质的自然规律，只研究如何对人发生作用的传播活动。故此，广告学，首先当归于人文学科领域，然后才会关联到社会科学与自然科学。

人文学科与科学有所不同。第一，科学揭示的是研究对象的性质和客观规律，解答研究对象"是什么""怎么样"以及"为什么"的问题。所以科学在针对研究对象时一般多致力于"抽象化"或"普遍性"，强调类别通性或富有共性规律的东西；而人文学科要探寻人的生存及其意义、人的价值及其如何实现等问题，以表达某种价值观念或理想，要回答的是研究对象（人）"应该如何"的问题。

---

① 曹滢，韩家慧."新时代"从哪里来？[EB/OL]. [2017-11-23]. http://www.xinhuanet.com/politics/2017-10/23/c_129724800.htm.

人文学科在针对研究对象时一般多致力于"具体化"或"个别性",强调个别、富有个性特色,重视占有独特价值的东西,并借此来开掘人们生存的丰富意义。可以说,科学是一种关于"物学"的知识体系;而人文学科是建立在一定知识基础上的关于"人学"的价值体系。广告策划要策动人心,故其人文学科的属性占首位。

很显然,在这里我们讨论的不是广告史上由来已久的关于罗瑟·瑞夫斯(Rosser Reeves)的广告"科学论"与威廉·伯恩巴克(William Bernbach)的广告"艺术论"之争的问题。根据当时的历史背景,这两位广告大师所阐释的"科学"与"艺术",实际上指的是"理性的逻辑分析"与"艺术的表现手段与心理接受",以及二者之间是否存在对立关系的问题。伴随着广告实践的发展和专业人的认知不断提高,目前这个问题在广告业界已几乎达成了共识:科学之发现——通过广告调查研究和分析了解目标群体的爱好与接受;艺术使科学得以实现——通过创意、符号创作和媒介数据使广告有效地触达目标群体。在这里,我们要阐释的是关于广告策划的科学性,它意指建构在科学与艺术之结合这一广告经典理论内容的基础上,立足于新时代而对广告科学性的再认知,它不会与以往的广告理论相冲突,而是一种继承或传承,是对广告的科学性与艺术性二者相互关系的再认知和发展。

广告是针对具体的个人——消费者或用户(细分、群化或VIP一对一)的劝服行为,而广告策划则是通过品牌文化的沟通成功劝诱,促使消费者或用户按照传播者的目的参与品牌消费活动的前期策略决策过程。故此,广告策划活动的第一要义是研究传播对象细分个体的具体特征,即研究消费者或用户个性化的品牌文化价值需求。在新时代,较之过去的各类抽样调研和分析,我们可以轻而易举地得到全息的大数据,既有关于消费者或用户行为的大数据以及即时跟踪研究,也有媒介使用及其价值的大数据以及即时跟踪研究,还有广告内容及形式或新形态传播后受众反应及反馈的大数据以及实时效果跟踪研究。

对比历史上任何一个广告发展时期,新时代下的广告策划,一方面可以依据更全面的各类客观数据资料,更精准地把握目标受众特征,更有效地掌控广告效果因素,从而预测和制订广告战略;另一方面又要同时考虑更多的因素,要分析包括各类大数据在内的各类调研资料的应用价值。尽管大数据减少了抽样调研方法的误差，具有一定的绝对性，但我们必须理性且清醒地认识到大数据的相对性：第一，大数据是不是真实地按照电脑程序自动完成的，有没有人为点击的行为？第二，大数据代表的是昨天、是过去时，今天以及明天有哪些新的因素会影响到大数据的走势？第三，对大数据的分析得出的结论，经过批判性思维的审视，是不是具有正能量传播价值？如娱乐资讯的热搜榜大数据、某些真人秀节目的收视率大数据，等等。这些都需要我们以更加理性的策略去驾驭大数据的走势。总之，要甄别大数据提供的结论导向，根据其人文价值选择性地运用大数据。这就是新时代广告策划科学性的内涵。

3. 大数据为洞察用户更精准的画像提供了科学依据

毋庸置疑，我们已经走进了一个大数据时代，人们可以得到后台硬件技术系统提供的前所未有的全息数据，可以轻而易举地建立数据库并分析各类应用。这为广告策划者对消费者或用户进行精准画像提供了具有科学实证性质的数据资料。在舒尔茨的整合营销传播理论中，数据库营销（Database Marketing）被称为"魔力促销的刀锋"，意指企业通过搜集和积累大量的消费者信息资料，将它们分析和处理后便可以预测消费者有多大的可能性去购买某种产品，然后利用这些信息给产品以精确的定位，进而有针对性地制作营销讯息，以达到劝服消费者购买产品的目的。曾经，市场调研是广告公司最基本、最重要的工作。大数据时代，针对广告策划中必然涉及的品牌消费者、品牌竞争者以及传媒等基本情况，传统的广告调研方法并非没有用了或者不适用了，而是有了更多数据的补充和支撑。针对目标研究对象，大数据几乎可以提供一个全息且相对完整的背景和环境资料。

大数据助力广告策划实现科学化，使广告策划者有可能通过更多、更完善的信息依据为品牌传播进行市场定位，精准地选择品牌落地的媒介载具。在广告策划中，大数据能够帮助我们在消费者或用户选择、竞争者以及竞品现状、媒介载具选择和整合等策划内容上做出更有依据性的判断。大数据的优势主要体现在以下十个方面：

- 细分消费者或用户市场；
- 寻找消费者或用户感兴趣的利益点；
- 寻求更加贴合消费者或用户的品牌文化诉求符号；
- 捕捉黏性更强、更加容易互动的创意传播内容；

- 分析并追踪竞品（这里指同类产品的替代品）的市场销售情况；
- 分析并追踪竞品的广告传播情况；
- 细分消费者或用户的媒介使用状态；
- 提供融媒介或全媒介环境下头部媒体的量化价值指标；
- 捕捉目标传播媒体的成本空间及市场机会等；
- 发现广告外环境中动态发生的、影响品牌成长的各种生态要素等。

科学运用大数据能够助力广告策划进一步走向市场需求与品牌诉求的统一、传播讯息全面性与精准性的统一、传播主体策略性与传播客体互动性的统一。

三、广告策划中针对新产品的品牌定位

1. 科学的策划活动起止于对广告商品信息的审辨性甄别

策划是一种规划并决定未来行动方案的前瞻性谋略活动，广告策划是一种谋划并决定品牌市场传播策略的前瞻性活动。一定意义上讲，广告策划者掌握的包括广告主提供的商品信息在内的信息越全面翔实，其制定品牌策略内容的空间就越大，广告传播的正向效果就可能越好。因此，甄别商品的原始信息至关重要！这既包括策划之前对商品的各类信息的甄别与选择，即科学的策划活动起于对广告主商品信息的审辨性甄别；也包括广告策划案执行之后，为了检验传播效果而对每一项广告行为作出的评估性判断，即科学的策划活动止于对广告主商品信息的审辨性甄别。

2. 品牌传播需要个性定位

"你以为耐克 Logo 只是一个简单的勾勾？那就大错特错了！"[①] 在中国，对于耐克品牌那个标志性的"对勾"，就连一般的消费者都已经非常熟悉了。当然，业内人士还知道，这个 Logo 当初是耐克的创始人到艺术学院找一位美术系学生设计出来的，仅仅支付了 35 美元（约合人民币现值 220 元）。根据英国品牌价值咨询公司 Brand Finance 发布的 2017 年最具价值时尚品牌排行榜，与 2016 年相同，耐克依旧位居榜首，且商标估价已高达 2100 亿元人民币！耐克品牌的

---

① 你以为耐克 Logo 只是一个简单的勾勾？那就大错特错了！[EB/OL]. [2017–10–10]. http://www.sohu.com/a/197205916_99930876.

Logo 从文字名称到图形文案的演进详见图 2-1。如此低投入高产出的巨大经济效益，正是品牌的"魔力"，它完全得益于品牌传播力的不断发酵。

图 2-1　耐克 Logo 的历史演进

耐克品牌的魔力在哪里？画个勾就能成为世界知名品牌并产生数亿倍的 ROI 吗？耐克的 Logo 真的只是一个勾那么简单吗？在这里我们非常认同"你以为耐克 Logo 只是一个简单的勾勾？那就大错特错了！"这篇文章的观点：耐克的 Logo 根本就不是个勾！如果换个角度看呢（见图 2-2）？

图 2-2　耐克 Logo 解读图示

将耐克的 Logo 换个角度倒过来，再缩小复制若干次，一个看起来像翅膀的东西便浮现出来。据悉，耐克的创办人菲尔·奈特最初打算将公司名称改为"六度空间"，但后来被公司员工们否定了，其中一位员工杰夫·约翰在想名字的时候打了个盹，结果在梦里遇到了希腊神话中的胜利女神 Nike（尼姬）。耐克 Logo 的设计者卡罗琳·戴维森（Carolyn Davidson）就是从胜利女神 Nike 的翅膀的弧度得到灵感的，如此，这一象征胜利女神的羽毛和速度感的 Logo 诞生了。以胜利女神为魂，以羽毛变幻为实体，以即时性奔越的速度感构成时尚，这就是这个"勾"——耐克品牌标志的内涵：虚实相间，渐近渐远，动静仪态，视感简约，过目难忘！年轻人从来都不喜欢复杂的东西，耐克品牌就这样"勾"住了消费者。

品牌是什么？尽管这是广告传播中的一个基础性原理问题，却在现在喧嚣的媒介声音和海量嘈杂的各类资讯中迷失了。跑得太快容易丢掉最基本的东西！这里我们有必要重温一些经典论说，回归到知识本体来审视现代广告业界传播主体容易忽视的一些基本问题。

品牌的英文"Brand"源自古挪威文 Brandr"烧灼"。在中世纪的欧洲，手工艺匠人用这种打烙印的方法在自己的手工艺品上烙下标记，以便顾客识别产品的产地和生产者，这也正是品牌的核心意义——留下印记。市场营销学理论的缔造者菲利普·科特勒博士于 2003 年在其《资本市场营销，全球化品牌》一书中把品牌定义为："名称、专有名词、标志、象征、设计或以上几种的综合，目的在于找出辨识卖方能否提供与其他竞争者有所不同的产品或服务。"当代品牌竞争早已不再局限于标识认知，也不会停留在 CIS 层面，已经进入了品牌能量和影响力竞争的层面，而这些恰恰源于品牌的个性定位。

"在我们这个传播过度的社会里，有效的传播实际上发生很少。确切地说，公司必须在潜在客户的心智中建立一个'位置'，它不仅仅反映出公司自身的强势和弱势，也反映出竞争对手的强势和弱势。"[①]这就是杰克·特劳特对其创建的"定位"概念的原解，凝练在《定位》一书的目录里。关于"定位"的经典案例，当属七喜的"非可乐"定位。如果在十年前，我们尚且需要也有可能对此作出一番更接近于概念化的梳理和案例解析。而今，一切都不需要了，圈里的营销广告人稍一反思，便可更加深入地领会"定位"这一概念的"原味"，更加深刻地理解

---

① 里斯，特劳特. 定位 [M]. 王恩冕，于少蔚，译. 北京：中国财政经济出版社，2002：1.

消费者"心智"的内涵，明白这一概念对于今天的意义。

品牌定位要确定商品在营销传播环节中的位置，即品牌在市场竞争的各类广告活动中力图在消费者心智中建立的那个"位置"。前文已述，品牌定位与产品定位尽管不同但密切相关。品牌定位的依据首先建立在产品定位的基础上，然后再综合考虑竞争者、传播媒介以及传媒受众等因素。一定意义上讲，新产品的品牌定位与产品定位是一脉相承的，二者的联系更为密切，如养元六个核桃。

在目前市场营销传播的诸多形式中，颇为流行的事件营销或称借势营销并不能替代品牌的定位传播。近年来，我国电商之间每年的"双11"价格战对参与销售的产品品牌来说无异于一把"双刃剑"。有利的一面是，这对品牌传播有正向功能：品牌可以借势吸睛，再一次扩大知名度，以带动品牌扩大市场占有率，促进产品的销售。不利的一面是，这对品牌传播也会产生负面影响，可能削弱品牌在消费者心中的定位或改变品牌的定位，从而削弱品牌的信誉，降低产品在消费者心目中的质感，进而影响到产品的销量等。

3. 正能量的文化导向更有益于用户铭记品牌

营销学奠基人菲利普·科特勒在《营销革命3.0》一书中把营销的发展历程分为三个阶段：在营销1.0时代——以产品为中心的时代，商品相对短缺，企业通过提供消费者所需的具有某种使用价值的产品来满足某类商品的市场需求，企业的商业模式非常清晰，以生产和销售具有刚需使用价值的商品获利，从而维系生产和再生产的良性循环。在营销2.0时代——以消费者各种各样的物质需求为导向的时代，具有同类使用价值的产品的生产者不断增多，同类商品出于本能形成客观差异性，市场竞争渐起，消费者可以选择性地购买自己所需的商品，商业广告的发展促使产品品牌化，即在产品的核心价值、有形价值之外开始形成产品的附加价值，这是构成产品品牌文化的标志性元素。这一阶段，企业通过产品品牌的个性化市场定位赢得消费者对品牌的青睐，企业在市场竞争中优胜劣汰，生存下来的企业依靠产品品牌的质量和口碑（包含广告传播效果）赢得消费者的忠诚，从而维持生产和再生产的良性运营。在营销3.0时代——以价值驱动营销的时代，商品富足，产品同质化严重，市场竞争惨烈，消费者在商品使用价值得到满足的基础上，已经从对物质层面的需求上升到对精神层次的需求，于是产品附加值的吸引力成为企业争夺消费者的利器。此时，品牌的塑造更需要营销传播的助力，即利用广告建立或改变消费者对品牌的认知。"营销3.0已经把营销理念提升到关注人的期望、价值和精神的新高度，消费者是具有独立意识和感情的个体，企业不能忽视他们的任何需求。营销3.0把情感营销和人文精神营销有机地结合在一起。"① 故此，企业的品牌传播者只有找到与消费者进行有效沟通的情感脉络和渠道便利，方能找到在当代市场竞争中制胜的法宝，也方能留住消费者或用户，使企业在新时期具有一个相对稳定的商业模式。

企业的商业模式关系到企业的生存。价值驱动下的营销，必然以营销传播环节而非产品的生产环节和销售手段（如价格优惠或降价策略等）为核心。营销传播前的广告策划应当围绕"情感营销"展开，以人文精神和生命价值为核心。故此，正能量的传播最能打动人心！但是在这里，为了在广告策划和创意以及实施中合理地运用正能量，有必要提醒策划和传播者，有时正能量在短时间内反复刷屏也容易引起用户的反感。

四、揭示"定位的本质是差异化"的品牌重新定位内涵

1. 为什么"重新定位"

以上所谈的"定位"，大多是针对新产品的市场销售与营销传播而言的。但实际上，"定位"在消费者心智中的这个位置并非永恒之"定"！随着政策、科技、产业、市场乃至竞争等多种社会影响因素的发展与变迁，消费者或用户的需求必然会随着相关商品竞争市场的发展而有所变化，产品自身也会随着技术、资源等生产要素的变化而更新换代。故此，1969年杰克·特劳特（Jack Trout）提出的"定位"概念以及他和艾·里斯共同创建的"定位理论"并没有过时。40年后的2009年，杰克·特劳特和史蒂夫·里夫金合著的《重新定位》更加深刻地揭示了"定位"与"消费者心智"之间的关系，揭示了"定位"与"重新定位"之间如何相辅相成："定位"是为了使产品（往往是新产品）在消费者心智中占据一个位置；"重新定位"则关系到如何调整产品（往往是老产品）在消费者（或潜在消费者和用户）心智中的位置。

---

① 张学军. 六个核桃凭什么：从0过100亿——智者情怀与工匠精神[M]. 北京：中华工商联合出版社，2015：230.

为什么要改变消费者的心智？为什么品牌需要"重新定位"？

首先，品牌消费者的心智在变！这是基于品牌需求而言的：在具有同类使用价值的产品品牌匮乏、同质化现象不太严重、市场竞争相对不那么激烈时，品牌凭借商品质量和消费者习惯，尚可以拥有一批相对忠诚的消费者。但是社会在发展，产业在升级，经济领域里诸多元素的变化是绝对的，是每时每刻都在发生的。按照基本的趋利规律，当某种产品市场需求明朗、生产者有利可图时，其他经济主体便有可能接踵而至，如过去各种矿泉水产品和品牌的蜂拥而至，现在共享单车的一夜而起。现代科技的长足进步催生了各种产业形态的变迁与创新，原来消费者必需的产品现在不再必需了，具有同样使用价值的各种替代品层出不穷。2017年年底，一篇《羊毛出在狗身上，却由猪来买单》的微文在网上刷屏："尼康退出中国，裁员两千人！很多人以为尼康是被同行打败的，没想到居然是毫无相关的行业。尼康直接宣布破产的真相：受智能手机普及的影响！打败口香糖的不是益达，而是微信、王者荣耀；2017年康师傅和统一方便面的销量急剧下滑，不过它们的对手真不是白象、今麦郎这些过去的同业竞争品，而是美团、饿了么等外卖。"① 以上一切，都说明消费者的心智在发生变化，从而使留在他们心目中的品牌的地位和印象被动摇甚至被否定，因此生产者亟待重新谋划并设定新的品牌传播形象，即品牌"重新定位"。

其次，品牌的传播媒介以及传播环境在变，而且是传媒技术驱动下的巨变！这是基于品牌传播的视角而言的。近10年来，媒介形态以及媒体机构的变化可谓日新月异：2009年8月新浪网的微博和2011年1月腾讯的微信，使既可PC也可移动的"两微"终端迅速渗入人们的日常生活；2011年后各家长短微视频平台争奇斗艳；2012年以"今日头条"为代表的各种APP纷纷占据移动终端。根据微信发布的2017年第二季度财报，从2012年8月17日微信公众号开放至今，5年的时间，微信公众号的总数已经突破2000万。从中我们不难窥见自媒体繁荣的巨大张力。之后，花椒、映客等直播平台迅速上线，而且大多数线上知识平台免费服务。以上这些都是讯息通道和广告媒体。随着消费者眼界大开和购买日趋便利，按照认知心理学和发生认识论等科学理论，消费者在触达媒介—认知讯

---

① 2017年12月–2018年1月期间在微信朋友圈疯传的一篇微文，据搜索，大约有几十篇微文以此为题，但已难以找到原作出处。——作者注

息—获取意义后,就会激活自身认知的元成分、操作成分和知识成分,在反复激活中修正原有的消费概念、记忆以及印象,以自己的爱好和偏向追求认知结构的进一步完善。故此,传媒技术驱动下的媒介新形态,尤其是移动社交媒体平台的普及和日常化使用,使消费者或用户的心智改变成为一种大概率事件。

最后,品牌产品的生产要素一直在变!这是基于品牌基本要素的视角而言的:商品要素在核心产品层面是否真的能够提供对路或对症的使用价值,以跟进并满足用户的生理或心理需求?在有形产品层面是否对用户有足够的吸引力和触达机会,以跟进竞争品牌或替代品的同类使用价值,进而留住用户?在附加产品层面是否有足够的文化吸附力和场景带入感,使现有用户或潜在用户有良好的品牌体验并通过新的心理认知建立起品牌的新形象,从而完成品牌在用户心智上的"重新定位",实现品牌升级?其中,品牌产品的生产环节事关产品质量,关系到更新、更环保、更健康的原材料,更先进、更科学的生产工艺和流程,更高的质检标准等。这些是商品产业领域自身的变化与发展进程。故此,老品牌产品的更新换代是必然规律,广告策划者要做的就是将精华元素提取出来,使其成为品牌重新定位的依据,并以符号诉求的方式传达给用户。

其实,"重新定位"的概念最早出现在杰克·特劳特的《定位》一书中,当时的意义在于:"如何为竞争对手贴上负面标签,进而为自己建立起正面的定位。当竞争激烈的环境中已经找不到空白市场时,要想让自己进入消费者的心智,就必须动摇已有的观念和认知,将竞争对手从已有的位置上挤掉。"[①] 在40年后的今天,关于"重新定位"的理论与此并不冲突,而是在此基础上跟随时代的发展,对用户新需求的"认知"进行调整。

2. 品牌需要通过重新定位实现升级

针对用户新需求的"认知"调整要调整什么?

2018年伊始,曾经获得英国女王亲自授奖的英国玛莎百货(Marks & Spencer)宣布关闭在中国的天猫旗舰店。至此,这家从2012年起就闯荡中国电商市场,不仅开设了独立网上购物平台,还进驻了天猫商城的英国老店,彻底退出了中国市场。玛莎百货于1884年诞生于英国,在英国一度拥有840多家门店,

---

① 特劳特,里夫金. 重新定位——定位之父杰克·特劳特封笔之作(珍藏版)[M]. 谢伟山,苑爱冬,译. 北京:机械工业出版社,2011.

并同时在欧洲、中东及亚洲等 59 个地区拥有超过 480 家门店。诸多辉煌带来的强大自信使其在"2008 年来到中国时，一切照旧，连衣服的尺码都按照欧洲的分类"①。玛莎对产品的这种态度自然也会影响到其对品牌的营销与传播。最近的 5 年，人们很少见到玛莎百货在我国做媒体广告，更不用谈什么品牌的重新定位这类问题了。这说明，即使是一个具有悠久历史的老品牌，也不能依靠"吃老本"来维系市场。

品牌必须与时俱进、不断升级，而这种升级恰恰是针对当代用户——过去的消费者或潜在消费者心智的一系列所谓的"调整"而言的。品牌升级必须与政治、文化、技术、竞争以及消费需求等变化形成"共振"，具体表现在以下四个方面：

第一，基于消费者的视角：从 20 世纪跨入 21 世纪，消费者从"无可选择"升级到"无从选择"，面对线上线下琳琅满目的商品，"选择的激增已远远超过消费者心智的承载能力"②，企业和品牌必须做得更好才能留住消费者。对于今天高速发展的中国经济而言，市场竞争的惨烈也使消费对象实现了从消费者（单一的某种使用价值的实现者）到用户（享用媒介资讯的同时体验网购的便捷，实现使用价值与价值的交换）的华丽转身。在一个几乎没有空白的消费市场里，任何一个商业品牌都必须基于用户体验，以更贴合消费者心智的需求为导向重新塑造自己的价值体系，以此来吸引和黏住用户，进而实现品牌的价值交换。

第二，基于品牌产品升级的视角：商品品牌发展的标志之一，是产品能够跟上技术的进步，企业生产者能够不断推出具备时代特征的产品品类。曾经的施乐由于错过了激光打印技术而使惠普一跃而起并带走了自己过去的老用户，曾经广告霸屏的柯达由于对数码技术的迟疑而成全了众多数码摄影技术公司的兴起。所以，再大的国际品牌也可能会由于不能吸纳当代最先进的科技或文化元素而被消费者抛弃。老品牌推出新品类，这是商品品牌年轻化的发展路线，也是完成品牌升级的基础性第一步。

第三，基于品牌传播诉求的视角：已经更新换代的商品品牌或通过科学技术新元素创制的老品牌旗下的新品类，在广告策划环节一定要将引发产品升级的关

---

① 中国人的钱不好赚了？又一家国外巨头彻底退出 [EB/OL]. [2018-01-21]. https://baijiahao.baidu.com/s?id=15900014838024079&wfr=spider&for=pc.
② 特劳特，里夫金. 重新定位——定位之父杰克·特劳特封笔之作（珍藏版）[M]. 谢伟山，苑爱冬，译. 北京：机械工业出版社，2011.

键要素作为主要的诉求内容体现到广告文案或营销传播活动的主题中，以"怼"用户认知变化中对品牌的质疑和潜意识期待。通常，对于信誉较好、知名度较高的老品牌而言，如果产品自身的升级换代使商品品牌科技化了、时尚化了、简易方便了，或生产了社会新潮流中的新品类，那么这些老品牌都会带动品牌原有的消费者或用户进行新一轮的跟踪性消费，就像人们已经习惯了在某"猫"、某"东"上购物，很难再去一个新的电商平台购买那些日常商品。如果哪家企业再造出一个类似于微信这样的移动社交媒介平台，我国现有的微信用户不知如何才能认可它并发生转移行动。

第四，基于品牌传播媒介的视角：推动人们从消费者自发升级为用户的"引擎"，就是当代数字技术下的移动社交网络媒体以及其平台化服务的便捷性与低成本。随即人们的媒介消费习惯出现了新特征：移动性、碎片化、社交化、群圈化、资讯化、多对多、品效合一等。这些变化驱动了广告新业态的出现：程序化广告、互动营销、客服营销、内容营销、数字营销、场景化品牌植入等，新媒介环境下的移动社交平台属性拓展并牵动着广告策划的媒体执行。

"消费者的心智才是营销的终极战场。在消费者心智争夺战中，竞争的核心不是品牌，而是品类。因为消费者永远是'以品类来思考，以品牌来表达'。"[①] "品类比品牌更重要！"台湾康师傅品牌的经营者张白清先生也如是说。

3. 品牌重新定位的核心是品牌价值的重塑

这是具体到广告策划环节，如何展开针对品牌"重新定位"的广告策划的问题。

"重新定位的最初目的是应对竞争。现在，重新定位主要用来应对技术的飞速发展。"[②] 今天看来，这些观点并非全都过时。现代科技对于社会各个方面的作用都是"颠覆性"的，一切都在演变之中，品牌的最初定位也要发生这种必然的变化。变化就要有所取舍，需要甄别的是在品牌元素中哪些最需要变、哪些可变可不变、哪些永远不能变，即品牌重新定位的核心是什么。

用户越来越追求生活质量和生活品位，不再一味停留在"价格便宜和经久耐

---

① 张学军. 六个核桃凭什么：从 0 过 100 亿——智者情怀与工匠精神 [M]. 北京：中华工商联合出版社，2015：18.
② 特劳特，里夫金. 重新定位——定位之父杰克·特劳特封笔之作（珍藏版）[M]. 谢伟山，苑爱冬，译. 北京：机械工业出版社，2011.

用"的历史认知上。因此，将一切品牌传播诉求都归因为价格，是在背离今天的用户动态心智趋向。我们应该关注的是品牌的价值而不是价格，品牌重新定位的核心是价值。

第一，价值是什么？是品牌在同质化产品中出类拔萃的、用户可体验的"差异化"功效。品牌定位的使命永远都是"差异化"。当然，在不同的历史时期、不同的阶段和不同的市场竞争环境中，品牌的"差异化"内容和表现会有所不同，这有赖于品牌自身各项可体验性要素的强大，比如要将产品技术要素和服务要素等提升到更高的段位。品牌的重新定位首先要求提升产品质量！

第二，品牌价值具有不同的文化和品性。品牌强则企业强，企业强则产业强，产业强则经济强，经济强则民族强，民族强才可谓国家强。品牌的重新定位更要文化隐喻！

第三，"心智"是用户通过身心最新的有感体验，综合已有的认知沉淀和储存，重新调整、建立新认知的心理过程，它包括一系列感受、观察、理解、判断、选择、记忆、想象、假设、推理、决策等情理交融活动。品牌的重新定位就是为了调整用户的心智，使品牌的"差异性"能更加直接地被用户体验到。品牌的重新定位最需要表现出用户的最佳体验感！

品牌重新定位要素的价值标的是：产品质量 + 文化隐喻 + 用户体验。

"品牌年轻化"指什么？它不仅指面对年轻用户的品牌需要重新定位！有时候确实如此，但它更指去唤醒产品品牌内涵中那些对人类生存具有积极意义的硬元素或软文化（包括传统文化的精粹），同时汲取当代潮流中的正能量元素，使品牌焕发"青春"、得以重生，再度"创造"消费市场的时代潮流。

要点小结

◎ 品牌定位的本质是使品牌在传播环节具有差异性。品牌定位是传播者为了构建品牌形象而实施的传播策略，目的是在消费者或用户的心智中让品牌占据一个独特的位置，使其具有价值层面的意义；而产品定位是生产者在商品的生产过程中针对产品的质量、成分、结构、形态以及价格等方面的具体规定，使其具有使用价值层面的意义。

◎ 品牌定位是广告策划中的关键策略。在传播过度和产品同质化的时代，消费者或用户在认知心理上的迷茫要求品牌之间要有清晰的差异化营销传播。

◎ 当代大数据和智能科技的发展强化了广告策划的科学性，广告策划更要侧重人文性。新时代的广告策划得以通过更加清晰的用户"画像"，在遵循认知心理学依据和主导品牌文化价值取向的基础上，形成更有针对性的品牌传播策略，科学的品牌升级更需要在广告策划中让品牌的使用价值和文化价值统一起来。

◎ 品牌定位要给出更加清晰的品牌个性，不仅要反映商品自身的优势和劣势，也要反映市场竞争中同类商品或可能的替代品的优势和劣势。

◎ 在新时代、新语境之数字社交平台沉浸式媒介消费时代，舒尔茨的整合营销传播理论与杰克·特劳特等人的品牌定位理论相得益彰。广告策划要综合各种有效的传播理论，更加注重与科学、与人文相互交融的思维方法论，其中正能量的文化导向更有利于用户记住品牌。

◎ 科技驱动下的一系列"颠覆性"变化，使品牌必须重新定位，以实现品牌的升级。消费者的心智才是营销的终极战场，品牌并非一"定"终身，而是要在产品质量、文化隐喻和最佳体验感等方面结合特定的场景进行整合，如养元企业从"六个核桃"到"健脑"的升级（电视台科学栏目场景中），力求与当代用户"心智"的发展变化形成共振。

◎ 技术是中性的，娱乐也仅仅是吸引用户参与的一种手段，广告策划必须充满正能量，合理运用媒介技术和社交手段，避免"垃圾策划案"的营销套路。事件营销或称借势营销只能起到即时吸睛的作用，不能替代品牌定位和品牌的重新定位，跟风甚至可能弊大于利。品牌营销传播的核心是价值而不是价格。

案例二：品牌定位的客观依据和文化取向
——从六个核桃看广告策划的科学性

"六个核桃"，听起来不怎么像产品的名称，但却重重地"砸"在消费者的心上。在人人关心健康的当今社会，谁不知核桃是补脑的佳品。于是，"六个核桃"便让人记住了"六"这个不大不小、听起来大顺吉祥的数字。我们之所以选择这个案例，得益于一本书：《六个核桃凭什么：从 0 过 100 亿——智者情怀与工匠精神》[①]。在此我们必须声明：我们绝无意于为这本书做广告！而是想将一个产品品牌在市场上胜出的经过，以白纸黑字的形式记载下来，静态文字的张力中那种有主题、有内容、有逻辑、因果清晰的理性体系，本身就是一种超越常规的品牌传播方式，因此我们更愿意将这本书称为《六个核桃诞生记》（见图 2-3）。

 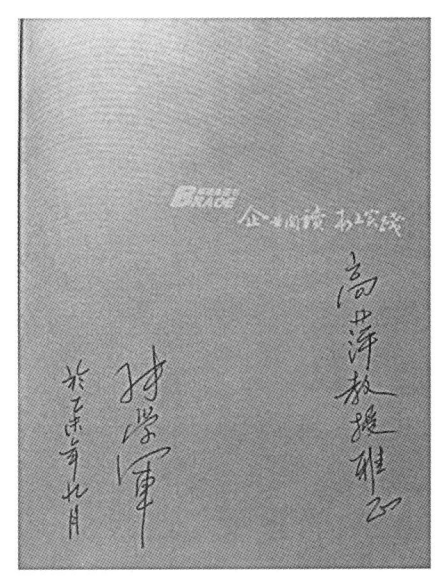

图 2-3 《六个核桃凭什么：从 0 过 100 亿——智者情怀与工匠精神》封扉

---

① 张学军.六个核桃凭什么：从 0 过 100 亿——智者情怀与工匠精神[M].北京：中华工商联合出版社，2015.

一、养元六个核桃诞生了：发现需求看准商机

1. 激烈竞争的饮料市场还缺饮料吗

如果在开端选定了好产品，广告策划便可能赋予策划者无限的策划和创意空间，为品牌的成长种下一粒能健康发育和成长的种子。好商品首先要有需求，而且要有强劲的市场潜力可供充分挖掘。前者是商品生产制造企业的选择与决策；后者则是专业传播者，即品牌的生产者和推广者的策划性选择与决策。

打开养元六个核桃（简称"六个核桃"）的官网主页，那个蓝白相间的"六个核桃"产品Logo赫然在目，其正上方的"养元"标志表达了六个核桃的文化取向，而"CCTV国家品牌计划"则彰显了六个核桃今天在我国饮料市场上已经奠定的品牌地位（见图2-4）。

图2-4　养元六个核桃产品的官网主页截图

中国的饮料市场不缺产品，早在20世纪，各种碳酸饮料、果汁和蔬菜饮料、蛋白饮料、茶饮料、咖啡饮料、植物饮料以及各种水饮料等已经风生水起，消费者尽情享用着繁荣的产品市场带给他们的口福与快感。同时，随着人们生活水平的不断提高，追求健康绿色、天然植物产品的消费方式日渐成人们的共识。1997年，河北衡水老白干集团的全资子公司顺势而为，成立了养元智汇饮品股份有限公司（简称"养元智汇公司"）。于是，养元核桃乳诞生了，养元智汇公司成为中国核桃饮品行业的先行者。

2. 养元智汇公司生产什么

2002年，养元智汇公司正处在"举棋不定的状态之中。当时养元智汇公司旗下的产品可谓五花八门，除了养元核桃乳，养元的产品线上还有果之恋系列、苹果醋系列，甚至还有衡水老白干的白酒代理产品"[1]。在专业策划公司的帮助下，公司采取了"适度差异化"的"减法"策略，看准当时市场上尚无一款核桃类蛋白饮料能够成为统领性品牌这一先机，集中资源做好养元核桃乳这一"种子"产品。2005年年底，养元智汇公司由衡水老白干旗下的全资子公司改制为股份制的民营企业，从而为企业注入了新的活力[2]，"养元核桃乳"也更名为"六个核桃"，并于同年完成了商标注册。

既然是先行者，拥有种子产品，目标是成为未来的同类产品即核桃类蛋白饮料中的冠军，那养元智汇公司就应该将六个核桃做专做精。2006年，六个核桃产品开始进入市场。根据其官网的介绍，养元智汇公司将自己定位为集研发、生产、销售于一体的大型核桃饮品制造企业，秉持"先机而作、创新品类"的发展战略，20年如一日专注核桃饮品的研发、培育与推广，通过技术创新、品牌创新以及全产业链建设实现了跨越式的发展，推动了核桃乳饮料由风味型边缘饮料品类变身为"南北通喝、全国同饮"的主流饮料品类。公司先后主导、参与起草了核桃乳饮料行业标准、核桃乳饮料国家标准，成为国内业界率先通过ISO22000食品安全管理体系认证和ISO9001质量管理体系认证的企业。

二、六个核桃的品牌定位及客观依据：精准定位点亮品牌

1. 为什么要叫"六个核桃"

好名字自己会说话！顾名思义，六个核桃卖的就是核桃，而且是相对足量的"六个"核桃。产品名称本身就具有强烈的质量意味，能够直接成为产品品牌市场的传播定位，这是一种难得的契合。六个核桃的成功不但带领养元智汇公司步入了持续突破、跨越式发展的轨道，而且在两个维度上引领了全国众多核桃乳或

---

[1] 张学军. 六个核桃凭什么：从0过100亿——智者情怀与工匠精神[M]. 北京：中华工商联合出版社，2015：6.
[2] 张学军. 六个核桃凭什么：从0过100亿——智者情怀与工匠精神[M]. 北京：中华工商联合出版社，2015：12.

核桃露及相关饮料生产企业的品牌命名思维：一是品牌命名的数字化风尚，二是直接将核桃作为关键词镶嵌到品牌名称之中。[①] 从传播学的视角来看，源于产品名称的"六个核桃"是一种与生俱来的品牌传播广告语和广告文案元素，仅这一关键要素的传播，就彰显了企业和品牌传播策划者的质量意识、诚信意识、创新意识和责任担当。故此，该产品的营销传播包含了实体性的品牌正能量。

2. 品牌定位的客观依据是什么

关于核桃本身的营养成分与作用功效，这里就不再赘述了，我们要讨论的是产品要卖什么：品牌传播的卖点是什么？品牌定位的依据有哪些？

好产品根红苗正，"经常用脑，多喝六个核桃"这句看起来普普通通、听起来却不虚不飘的广告语，实实在在地砸中了人人需要补脑的消费心理，因此才造就了中国饮料史上一种饮品"飞"一般的销售传奇，养元六个核桃连续多年在核桃乳饮品行业销量排行榜上位居前列（见图2-5）。

图2-5 养元六个核桃产品罐装上的广告语："经常用脑，多喝六个核桃。"

---

① 张学军. 六个核桃凭什么：从0过100亿——智者情怀与工匠精神[M]. 北京：中华工商联合出版社，2015：71.

伴随着印在包装罐上的广告文案和初期少量的品牌广告传播,"经常用脑,多喝六个核桃"的广告语逐渐深入人心。每喝一罐,消费者就可能偶遇"六六顺达"的好运气,这个精准数字的说服力远远超过了重金轰炸和喧嚣叫喊式的硬广告。

产品卖什么?卖的是人们眼中的补脑佳品——核桃,卖的是消费者每喝一罐就可能补充相对充足的营养——六个核桃,卖的是人们再也不必砸硬壳清内皮剥核仁等麻烦的手工劳动——拔盖畅饮的便利,卖的是产品在技术、规格、实体和价位等多种因素上的综合性能——高性价比(见图 2-6)。

图 2-6 企业官网上展示的核桃原产品

品牌传播的卖点是什么?公司早在 2005 年就完成了由"养元核桃乳"到"养元六个核桃"这一产品名称的更改,实际上等于完成了品牌的第一次升级。

更改了新名称的产品上市当然要打牌子,"养元"与"六个核桃"既是产品的名称,也是品牌的优势卖点,这就是其传播定位。大多数企业在新品问市时都采取过依赖硬广告狂轰滥炸的推广模式,而养元智汇公司当时并没有动用那么多资金大规模地投入媒体广告,但它们却在不到 10 年的时间里实现了销售额从"0 到 100 亿"的飞跃。它们"凭什么"取得这些成绩?第一,六个核桃——坚硬的实体;第二,养元——悠久的文化;第三,产品生产者和品牌传播者的科学策划和有效执行。

养元六个核桃的品牌定位建立在从产品概念到产品生产的背景之上。表层是"六个核桃"这一概念,其后是公司"专注于提供优质的健脑核桃饮品,致力于提高人生智慧"①的使命感,以及为了完成这一使命而持续不断的艰苦探索与投入。1997 年,养元智汇公司的前身——河北养元保健饮品有限公司在成立后不久,就主导起草了我国核桃乳饮料行业标准。之后在这个领域不断研发与创新,佳绩

---

① 摘自河北养元智汇饮品股份有限公司官网的公司简介,[2018-01-12].http://www.hbyangyuan.com/

连连：1999 年，养元核桃乳获得"河北省轻工业科技进步奖一等奖"和"优秀新品奖一等奖"；2004 年，养元核桃乳通过 ISO9001 质量管理体系认证；2005 年，公司在创立了"5·3·28"核桃饮品生产工艺之后，养元六个核桃这一全新的核桃乳饮料品牌诞生；2009 年，养元六个核桃通过 ISO22000 食品安全管理体系认证；2010 年，公司开始投入巨额资金，在中央电视台等全国领先媒体开展品牌传播，企业技术中心入选"河北省企业技术中心"，"养元六个核桃"被国家工商行政管理总局商标局认定为驰名商标；2011 年，公司获得"年度全国食品工业优秀龙头食品企业"称号；2014 年，公司检测中心获得"CNAS 国家实验室"资质，微生物发酵植物蛋白饮品工程实验室项目通过河北省发改委审批；2015 年，公司被中国营养学会授予"营养促进贡献奖"，养元六个核桃商标被国家工商总局认定为"中国驰名商标"；2016 年，养元六个核桃荣获"2016 年度中国食品行业十大影响力品牌"称号，同年公司顺利通过诚信管理体系二次评审；2018 年，中央电视台"CCTV 国家品牌计划"正式启航，养元六个核桃凭借其匠心品质和品牌创新成功入选该计划，并荣获 2018"CCTV 国家品牌计划——行业领跑者"称号。

养元智汇公司 20 年如一日，专注核桃饮品的研究、开发、生产与推广。2005 年，公司独自创立了"5·3·28"核桃饮品生产工艺，即"5 个关键环节、3 项特有技术、28 道工序"。企业官网介绍说：该产品采用研磨萃取工艺，运用细胞破壁技术，既充分保留了核桃的营养成分，又有效去除了核桃的涩和腻。这一领先工艺使丰富的核桃磷脂更有利于大脑吸收，解决了核桃味道有些涩口、外皮坚硬难破、核仁难以整取、营养不易吸收等单体核桃本身的诸多问题，将人们处理起来较为麻烦的核桃干果华丽变身为美味、营养、安全、方便的日常饮品，使核桃自身的价值能更好地为人类提供健康营养，让众多经常用脑的人能轻松选择和使用补脑产品。2016 年 11 月，公司从法国引进了目前国际先进的微生物商业无菌快速检测系统——流式细胞仪。该仪器检测速度快、被测群体大，可进行多参数检测。流式细胞仪的投入使用，大大缩短了产品的商业无菌检测周期，检测结果也更加精准。这标志着通过与国际的接轨，公司的微生物检测标准、检测能力和检测水平都再上了一个新的台阶（见图 2-7）。

图 2-7　企业从法国引进的流式细胞仪 ①

百年大计，质量为本！作为核桃乳饮品行业的领军者，养元智汇公司十几年来一直坚定不移地走品质之路，不断引入先进设备并升级检测手段，以确保出厂的每一罐产品的品质安全，以"坚守品质"的社会责任感践行对消费者质量安全的承诺。公司凭借六个核桃、"5·3·28"这一自带科技含量的生产工艺，以及之后不断引进的国际先进仪器设备这些硬邦邦的实体条件，使品牌定位明了充实、响亮于市。这些硬性的指标、数据和设备，恰恰是养元六个核桃的品牌定位以及"经常用脑，多喝六个核桃"这一广告语在竞争市场畅行多年、至今依旧坚挺的科学依据。

三、养元六个核桃品牌定位的文化取向

如果说"六个核桃"是产品品牌的硬件定位——核桃+技术工艺，那么"养元"就是产品品牌的软件定位——文化取向。在企业官网上的"企业文化"一栏，列在第一段的是企业使命："专注于提供优质的健脑核桃产品，追求多方共赢的可持续发展，致力于提高人生智慧和幸福指数。""养智慧之元，享幸福人生"作为企业目标性的品牌形象，与"经常用脑，多喝六个核桃"共同构成品牌的诉求，以实现"企业愿景：持续引领核桃产品行业发展，打造卓越民族品牌，努力成为大众景仰的优秀企业"。

1. 养元——嵌入品牌的中国传统文化精魂

在养元六个核桃上市初期，养元智汇公司还是一个微小企业、弱势品牌，资金与资源都不足，"当时的养元没钱做广告"，因此不做硬广告。但"不提品牌，

---

① 公司引进流式细胞仪，检测水平再上新高度！[EB/OL]. [2016-11-28]. http://www.5888.tv/brand/hbyy/hews/86133.

不代表不要品牌，养元人有一颗渴望品牌的心"①。这颗心，表现为"养元"一直作为企业名称的核心词，深深嵌在产品全称和企业文化里。"养元"是企业初期经营保健饮品的核心理念，一直沿用至今，现在依然作为产品品牌的名称构成元素，烙印般铭刻在产品包装和品牌传播的诉求上。

"养元"，"顾名思义，在传统文化的语境中具有养本固元之意"②，"元"者，第一也。"元"是根本，是包括人类在内的世界万物存在的最基本的单元；"元"也是最基本的构成单位，是决定并影响万事万物生存与发展的最小的单体，即单元。这里的"养"字，寓意深刻，是滋补身心、供养必需、补给消耗、扶本正源之意。基于人的身心，"养元"旨在滋补人体最根本的存在单元，这是一个人不断健康发展的前提和必要条件。"养元"的理念和文化表达了一种非常典型的中国传统文化的表达和价值取向，"养元"本身就是嵌入品牌的中国传统文化精魂。这与"养元人恪守做憨厚人、行严格事、汇众人智、立百年业"的企业核心价值观紧密契合，与"全心致力于技术、品质、品牌和市场的升级，在引领核桃乳饮料行业健康前行的同时，致力于打造卓越的民族品牌"的企业愿景一脉相承，共同铸就了企业和产品品牌文化之灵魂。

2. 携手主流电视媒体做大品牌文化的传播

自 2010 年起，养元智汇公司便投入巨额资金，在中央电视台和其他全国主流媒体上开展养元六个核桃的品牌传播广告活动，至今一直没有间断。除了硬广告，公司投入更多的是携手中央电视台这一我国主流媒体中的翘楚，共同推出或参与推出多档大型综艺和真人秀节目，如 2015 年独家特约播出中央电视台的《挑战不可能》。有报道披露，"2016 年上半年河北养元的广告费用达到 2.8 亿元，其中冠名江苏卫视的《最强大脑》就花了 1.5 亿元"③。

2016 年 6 月，养元六个核桃的品牌传播活动再度发力，以"唯一指定饮品"的身份与中央电视台再度携手，共同推出全新的大型科学挑战节目《加油！向未

---

① 张学军. 六个核桃凭什么：从 0 过 100 亿——智者情怀与工匠精神 [M]. 北京：中华工商联合出版社，2015：9.
② 张学军. 六个核桃凭什么：从 0 过 100 亿——智者情怀与工匠精神 [M]. 北京：中华工商联合出版社，2015：71.
③ 周路平. 从濒临破产到年营收近 100 亿元，"六个核桃"如何实现神逆转 [EB/OL].2017-01-18.http://www.iheima.com/zixun/2017/0118/160908.shtml.

来》，节目于 2016 年 7 月 3 日晚 20：00 登陆中央电视台一套黄金档。作为 2016 年重点打造的创新栏目——国内首档大型科学实验节目，《加油！向未来》共分为"实验积分""黑洞与疯狂联动"三个环节。在电视台主持人的带领下，明星与素人组队出战，在精彩纷呈的节目环节中向观众展示科学的无限魅力，节目还邀请了中国月球探测工程首席科学家和中国科学院院士等著名科学家加盟，旨在为节目中诠释的科学现象提供有力支持。养元六个核桃这次与《加油！向未来》节目的深度融合，一方面是为了助推主流媒体的正能量内容传播——激发媒体受众对科学知识的兴趣和对开发大脑潜力的向往；另一方面是为了向大众传递养元六个核桃崇尚科学、尊重科学的品牌形象，将"养元"这一传统中国文化的意义可视化。通过与栏目的合作，养元六个核桃品牌脱颖而出，呈现出强强联合、互利双赢的盛况，也使养元六个核桃的品牌文化得到了强化（见图 2-8）。

图 2-8　养元六个核桃携手中央电视台推出科学挑战节目《加油，向未来》①

2018 年，为了响应和落实党的十九大报告中关于"推动中华优秀传统文化创造性转化、创新性发展"的精神，中央电视台隆重推出了又一个大型文化类栏目《经典咏流传》，节目以"和诗以歌"的形式，将传统诗词的经典词句与现代流行元素相融合，赋予经典以新时代的表达方式和当代先锋文化的新属性。该节目于 2018 年 2 月 16 日（大年初一）起每晚 20:00 在中央电视台综合频道首播，养元六个核桃品牌作为 2018 "CCTV 国家品牌计划——行业领跑者"又一次出现

---

① 图片和主要内容来自企业官网新闻. 再度携手央视 重磅推出大型科学挑战节目《加油 向未来》! [EB/OL]. [2016-06-30]. http://www.hbyangyuan.com/news.Content.aspx?typeid=51&content_id=234.

在亿万电视观众面前。伴随着电视栏目主持人或抑扬顿挫或铿锵有力的诗词咏颂，伴随着经典传唱者或深情或激昂的高歌款曲，养元六个核桃闪亮登场，一次又一次地跳入人们的视线，那些画面不仅靓丽，而且被赋予了浓厚的文化气息（见图2-9）。

图2-9　养元六个核桃大力支持中央电视台大型文化节目《经典咏流传》

品牌定位的本质是差异化，养元六个核桃从产品名称到品牌定位乃至二者的天人合一，在众多饮品中显得是那么独具一格，差异化表现得清晰、显著。其中，从产品生产工艺到原料构成的量化承诺，"六个核桃"无疑是充足、客观的物质依据，这是产品品牌内涵的科学前提；从"养元"的概念到多次参与主流媒体的大型文化传播节目，这是产品品牌外延的文化昭示。扎实的科学依据与中华传统文化的软传播，共同形成了产品品牌的市场价值和影响力。新时代，广告品牌定位更需要科学化，这里包含了从硬件产品实体到软件品牌文化的全方位的"大科学"性，伴随着一档又一档大型科学文化智慧栏目的强势播出，养元六个核桃这一品牌的科学性在广大观众的心目中也越来越强。

四、品牌的重新定位是新时期的必然要求

无论是在政界还是在商界，与时俱进都应该是一条永恒的真理，紧跟社会的发展、紧跟人类的需求，这已经成为执政者和经营者熟知的基本理念。问题的关键是：在与时俱进的过程中应该选择坚守什么、改革什么、发展什么、摒弃什么？在商界，品牌的重新定位大多来自于企业经营者审时度势、应对变化市场的现实选择。养元六个核桃品牌的重新定位正是源自新时代、新语境、新竞争环境下用户的新需求。

1. 品牌重新定位的背景

多年以来，养元智汇公司从未停止过对养元六个核桃价值定位和产品诉求的探索[①]：

最初，从产品品质的角度出发，诉求是"更多核桃，更多营养"，这是沿着养元六个核桃品牌以数量命名的思路而定的。

产品上市初期，在宣传活动中，将"更多核桃，更多营养"与品牌名称结合起来，强调产品的真材实料及其营养价值。

之后，诉求变为"六个核桃，聪明的选择"，既肯定消费者选择六个核桃的做法，又体现产品补脑健脑的实用功能，一语双关。这则广告语至今仍在使用，但是这则广告的内容还是有些含糊、不够清晰。

2010年在养元智汇公司准备进行"大"传播的时候，更加犀利、清晰的"经常用脑，多喝六个核桃"的广告语应运而生，且一直沿用至今。基于人们几乎达成的共识和常识：吃核桃对人的身体大有好处，最大的好处就是能补脑益智。"经常用脑，多喝六个核桃"聚焦核桃最显著的功能，突出最有销售力的品类属性——健脑，在品牌价值的内涵上，将养元六个核桃重新定位为健脑饮品。

根据养元六个核桃品牌经营者和传播者的记载："2010年，养元由新秀变为领袖，由黑马变为白马。"[②] 其标志就是产品的销售额："2011年30亿元；2012年60亿元；2013年110亿元；2014年150亿元"……此期间以及之后，中国饮

[①] 为了遵从企业和品牌历史发展原貌，此部分多数内容均摘自张学军. 六个核桃凭什么：从0过100亿——智者情怀与工匠精神[M]. 北京：中华工商联合出版社，2015：19.

[②] 张学军. 六个核桃凭什么：从0过100亿——智者情怀与工匠精神[M]. 北京：中华工商联合出版社，2015：18.

料行业发展迅猛，中国消费者对绿色、营养、健康的植物功能饮料的需求也越来越多元化。

2. 饮品市场的质量挑战和竞争

从某牛奶品牌开始，乳制品、矿泉水、碳酸饮料等不同类别的饮品先后出现质量问题，一些饮品的销售额随即下滑。经由社交媒体平台急速扩散的负面信息促使广大消费者和产品经销商重新审视和选择商品或礼品。养元六个核桃一度也被怀疑是否真的货真价实，是否真的具有补脑功效，毕竟这是一个很难求证的命题。2013年，我国食品领域的头部企业盼盼也在其长足发展的第17个年头开始进军饮料市场，推出了与养元六个核桃几乎同质化的产品——盼盼核桃慧，并以"核桃乳植物蛋白饮料"的产品定位、"九道研磨就是浓"的生产工艺以及"动脑不怕累，盼盼核桃慧"的广告语直逼养元六个核桃的市场。养元智汇公司也不得不接消费者的质量检验和市场竞争者的挑战。

3. 产品进化、品牌重新定位、广告升级

业内曾有人言：养元六个核桃也是用广告砸出来的！这话颇有些道理：没有广告岂有今天的养元六个核桃！2009年以前，由于养元智汇公司身处河北，产品的主要市场也在河北，养元六个核桃至多是一个区域性品牌。然而在品牌的推广和媒体传播上，公司从最开始的销售终端上就从未松懈过，尽管是低端的推拉贴和KT板，尽管是店招和海报，公司也一直尽自己所能强化品牌的广告传播。即使在公司已经有实力打动中央电视台这类主流媒体渠道的今天，上述这些小的硬广告形式也依然存在。公司同时还在地方电视台、公交车体、户外路牌等区域性媒体上投放广告。除了进一步完善、落实终端物料之外，养元智汇公司的广告推广升级活动还引进了代言人，以期优化和提升品牌的形象。

协同养元六个核桃品牌重新定位的广告媒体策略，是使广告传播走向更多的大传播、深覆盖的线上与线下"共振"的品牌推广形式。2010年，养元智汇公司聘请了以知性、睿智著称的主持人鲁豫担任养元六个核桃的形象代言人，并于同年打入中央电视台，逐步形成了以中央电视台广告为核心，以省级卫视、中国之声等媒体的深度覆盖为重点，以区域市场、城市公交、户外广告及终端物料为补充的传播渠道布局。从追求"小广告、大效果"到追求"大传播、深覆盖、大品牌","经常用脑,多喝六个核桃"经历了从疯狂轰炸消费者的耳膜到潜移默化、逐渐形成潜在品牌认知的过程。

4. 数字网络社交媒体平台的霸屏

其间,在技术的驱动下,传媒形态的发展变化更令人措手不及:2009年8月,新浪网推出了140字限制的微博,2011年1月腾讯推出微信,2011年短视频秒拍问世;加上之前的优酷、土豆等诸多视频网站或APP等,2012年8月今日头条APP、腾讯微信公众平台正式上线,2013年3月知识服务型APP知乎上线,2013年4月网易云音乐APP上线,2013年12月百度贴吧上线,2015年6月花椒直播APP上线,之后还有映客、一直播、火山等上线,一发而不可收。

新时代的典型特征就是数字媒介与网络环境普及下的"万物皆媒体";新语境的最大不同,就在于社交场景下移动互动平台将社交与商品购买品效合一了;新用户的特点是,他们沉浸于移动社交平台进行媒介消费,线上生活填满了他们几乎所有的碎片时间,线上支付深度普及且成为日常。在这种媒介环境下,任何一个品牌的广告传播和品牌销售如果与网络脱节,其经营成效一定是不进则退,养元六个核桃当然也不例外。

5. 广告创意的"场景化"

"场景化"创意属于广告营销环节的传播内容升级。既然养元六个核桃的品牌内涵被升级到"健脑"(盼盼核桃慧的广告诉求围绕"慧"展开),那么广告创意就应该围绕"经常用脑,多喝六个核桃"这个广告语的隐喻,出现经常用脑的环节。于是我们在电视广告等众多传播媒介上看到了"经常用脑"的几个特定场景或状态:考试用脑、开会用脑、加班用脑……其中成效显著的,如"考试用脑"激活了产品的高考攻略,引爆了养元六个核桃的高考季营销,使公司当年的业绩增长了251%,也使核桃乳饮品从此打破了植物蛋白饮料的淡旺季规律。

2015年元旦刚过,公司根据中国人特有的贺岁文化场景和年节消费特性,在羊年到来之际推出了贺岁版喜庆红罐"三羊开泰,六六大顺",并在老根据地市场进行限量投放,600万箱产品首先被经销商一抢而空,贺岁版的养元六个核桃成为本土饮料"贺岁战略"的首创者和引领者。

6. 经销环节的创新升级助力品牌的重新定位

除了以上谈到的产品自身和品牌传播的不断进化和升级外，产品品牌在经销环节的不断创新升级也给了品牌的重新定位巨大的合力支持。

在经销环节，养元智汇公司在"零风险经营承诺"（旨在增强产品销售渠道商的信心，提高产品的铺货效率）和"星级助销工程"（旨在进一步对重点市场进行精耕细作、厂商协作，全程精耕市场）的基础上，又推出了"金商工程"，即打造优质经销商俱乐部，建立企业自己的"金牌经销商"网络。公司通过筛选经销商，导入系统、完善的优秀经销商培训计划，逐步帮助经销商升级为金牌经销商。"金商工程"既为经销商提供了一种独享政策和服务，也为公司进一步建设金牌渠道、金牌市场提供了强有力的支撑和保障。具有养元智汇公司特色的"大预售制"是公司经过十年的坚持和积累才树立起来的金字口碑，已经和渠道伙伴建立了稳固的合作伙伴关系。大预售制的建立和成形不仅为公司产销体系的协调运营提供了保障，也给公司带来了稳定的客户源和现金流，这是公司对销售渠道模式的创新性探索。

7. 线上新品类与社群营销的匹配

新语境下，针对群化的细分市场，养元智汇公司适时推出新产品，同时注重国内外重点实验室的研究和突破。让科技品质来背书的做法使养元六个核桃补脑益智的价值得到了有力的证明。2016年，为满足线上多元化的消费需求，养元智汇公司在电商渠道重磅推出了智汇乐源和易智养元两款专供产品（见图2-10），并于2016年7月在京东商城、天猫商城的"六个核桃"旗舰店首发。这两款新品分别针对儿童、中老年人等不同的目标人群，在满足消费者内在需求的基础上顺应电商渠道的销售特性，在产品命名、规格、包装设计等方面与传统渠道都进行了有效的区分。

图 2-10　针对线上电商销售平台的品类细分[①]

公司在智汇乐源和易智养元两款新品的销售模式和渠道拓展方面也做了全新的尝试，首次采取了网上预售模式，将产品特性与卖点全方位地展现给广大消费者。这既能使更为广泛的目标人群更直观、更全面地认识和了解新品，又能让公司及时收集一手销售信息，真正践行"以顾客为中心"的经营理念，并在销售过程中不断优化产品，从而最大限度地激发消费者潜在的购买需求，得到良好的购物体验。在京东、天猫旗舰店的新品首发动作，是公司在电商渠道持续发力的又一重大举措，它在一定意义上又一次满足了网购群体追求"时尚、个性"的购物需求，使养元六个核桃与消费者产生了更为直接的深度关联，在丰富"六个核桃"产品线的同时，为电商渠道的布局和健康发展奠定了坚实的基础，也为自己迎来了更大的销售增长空间。

---

① 文字内容和图片摘自企业官网上的公司新闻.重磅新品 线上首发.[EB/OL].[2016-07-30].http://www.hbyangyuan.com/News_Content.aspx?typeid=51&conten-id=238.

三、养元六个核桃品牌的整合式重新定位

面对消费者需求，面对饮料行业领域的种种问题，养元六个核桃必须对品牌进行重新定位，以避开锋芒，同时又巧妙地锦上添花，尽情展现品牌的推广效用和品类战略的穿透力。现在看来，养元六个核桃的品牌重新定位战略与执行是产品生产企业与品牌策划和传播机构协同共创的结果，是品牌历时性积累与共时性品类开发相统一的结果，是经营者从生产领域到传播领域系统化整体执行的结果，所以这是一种整合式重新定位。

"在植物蛋白饮品市场，曾流传着这么一种说法：西有唯怡、东有银鹭、南有椰树、北有露露。如今，势易时移，六个核桃的销量已经超过了上述的任何一家企业。"[①] 伴随着移动互联网时代的来临以及"互联网+"引领传统产业升级的政策导向，随着盼盼、娃哈哈、蒙牛、伊利、今麦郎等众多实力型饮料企业跟进到核桃乳领域，养元六个核桃面临着市场竞争的日趋激烈，养元智汇公司开始探索"创新驱动持续成长"战略。

> **关键词与要义**
> ☆ 品牌传播书籍化：纸媒有主题、有内容、有逻辑、有体系、有定论
> ☆ 品牌定位科学化：产品原材料的量化承诺＋品牌传统文化的深度嵌入
> ☆ 品牌的重新定位：技术驱动、消费者心智改变、竞品频出再求差异化
> ☆ 品牌整合式重新定位：品牌升级需要生产、经销和传播各环节协同发力

---

① 周路平. 从濒临破产到年营收近 100 亿元，"六个核桃"如何实现神逆转 [EB/OL]. [2017–01–18]. http://www.iheima.com/zixun/2017/0118/160908.shtml.

第三讲

广告策划与整合传播的媒介执行

　　这一讲的核心是：如何以全媒体社交平台的多元触点共振品牌。这里的"全媒体社交平台"，既包括"双微"（即新浪的微博、腾讯的微信），也包括主流媒体的微平台，如《人民日报》、新华社等我国主流媒体机构的官方微博账号和微信公众号等，还包括用户在消费媒介时可能接触到的其他一切"入口"。策划者需要聚合这些入口的所有触点，多元化、全方位地拉开广告主品牌传播的帷幕，以求用最小的投入获得最大的品牌传播效益。

一、当代广告整合营销传播的媒介策划

在广告主题内容确立之后，媒介策划就成为整个广告策划的第二个关键点。尽管在传统的广告策划运作中，媒介策划也是关键环节，但在数字技术与网络媒介（包括移动互联网）飞速发展的今天，媒介策略在广告策划中的地位更高、作用更重要。这一点，也正是本讲传递的与传统广告策划有鲜明差异的新的媒介观与媒介执行。

1. 以"网生性"为灵魂的当代媒介观

建立在互联网思维下的当代媒介观，其灵魂是"网生性"。尽管人们对"互联网思维"一词的使用由来已久，但时至今日，人们对互联网思维的理解依旧众说纷纭，难以找到一个公认度较高的诠释。而"网生性"这个概念则直击要义，一语道破了互联网的本质属性，因而使用得越来越广泛。

关于什么是网生性媒体？黎瑞刚的解释是："就是它没有传统媒体的负担，它从头一天就是从互联网、移动互联网上所产生的。这个媒体基因就是互联网基因，它的内容分成方式、媒体组织架构、包括内容分发等等，整个运营媒体、整套体系都是彻底互联网的方式。"[①] 可见，"网生性"是互联网（含移动互联网）与生俱来的属性。其特征是：网生性媒体与网生性媒体机构的一切都携带着互联网的基因，是从互联网或者移动互联网中诞生出来的媒体，没有传统媒体的痕迹和负担，不管是组织架构、内容分发还是运营体系，都是彻底的互联网方式。

故此，网生性媒体近年来在传媒市场得到了广泛应用，且人们一直关切和热议的社交媒体平台、短视频以及大数据等，都带有在媒介实务操作上的网生性。网生性媒介具备几乎与生俱来的互动、转化和沉浸等传媒功效，对广告品牌的传播以及实现品效合一具有直接的推动作用。正如黎瑞刚所言："真正具有互联网基因的网生性的媒体，才是未来的希望。"[②]

[①②] 传媒教父黎瑞刚：网生性的媒体才是未来 [EB/OL]. [2017-02-28]. http://www.sohu.com/a/166273933-674734.

2. 网生性媒体与非网生性媒体的优势整合

非网生性媒体，顾名思义，指的就是传统媒体。在我国，具体指的就是国有的报刊、杂志、广播、电视等。随着新媒体的迅速发展，各种唱衰报纸、电视的声音就从未断过。尽管大多数传统媒体确实面临着江河日下甚至日子难以为继的局面，但也正如坊间所戏言的，传统媒体"日子难过年年过，年年过得还不错"！那是因为，每当有重大社会事件或天灾人祸发生时，人们依然期待着中央电视台、《人民日报》等这类权威媒体的声音。

互联网颠覆了原有的传媒生态，网生性媒体确实带来了媒介格局的巨大变革，但并不足以吞没传统媒体。由于商业模式、技术垄断、诚信等诸多原因，纯粹网生性媒体的品牌价值并未随着其在新媒体上的扩张性布局而迅速提升。相比之下，传统媒体品牌犹存，而且借助与新媒体技术要素和平台的融合，较之纯粹的网生性品牌，依旧显示出较强甚至更强的传媒影响力。

今天，电视媒体的传播依旧显示出其不可比拟的强大威力，很多品牌传播的效果已经验证：我国电视媒体的助推作用不可否认。例如，尽管淘宝、天猫在2015年前"双十一"销售也成果显著："2009年11月11日淘宝天猫双十一网购狂欢节第一次举办，当日成交额只有5000万，2013年突破了百亿大关，2014年单日销售额高达571亿"，"2015年天猫双十一借势湖南卫视举办'天猫双十一狂欢夜'，销售额实现了飞跃式增长，2015年11月11日天猫销售额高达912亿，与2014年相比增长了60%。2016年天猫双十一与浙江卫视联合举办晚会，销售额突破千亿大关，达到了1207亿，再次刷新销售纪录。"① 一般情况下，销售数据的绝对额在连续增长几年之后会出现"乏力"的现象。然而从天猫的销售数据看：其2015年增长60%，堪称"飞跃式"，不能不说这得益于电视晚会（见图3-1）。

---

① 新媒体转化不具普适性，电视媒体传播价值不可替代[EB/OL]. [2017-08-21]. http://www.sohu.com/a/166273933-674734.

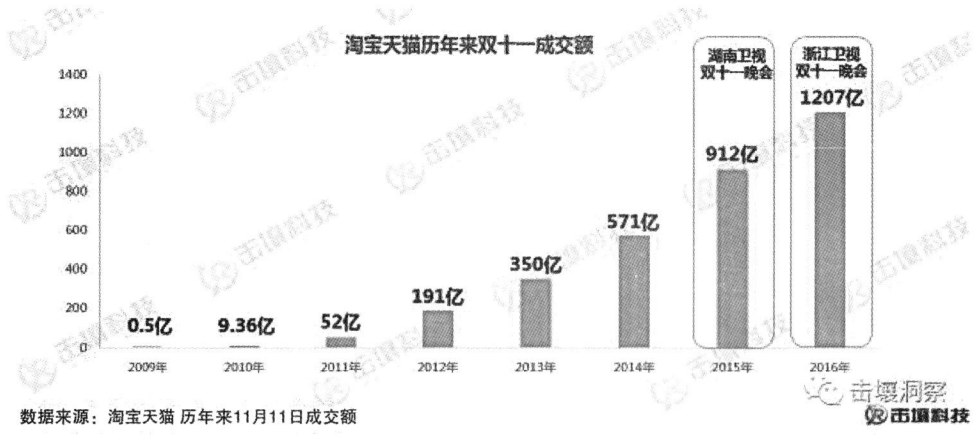

图 3-1　淘宝、天猫"双十一"成交额不断刷新纪录

因此,传统媒体的品牌影响力不可小视。传统媒体的公信力和权威性经过几十年的积累已经在公众心目中形成了心理定式,所以微平台、全媒介、中央厨房、交互式采编刊播等融媒介形态下的媒体平台,依旧是企业做大做强品牌的必要选择。

二、全媒体社交平台的整合策划与策略

在将网生性作为当代营销传播媒介的灵魂时,既要看到网生性媒体的先天不足,更要掌握当代媒介生态中各类媒体本体属性的传播价值。互联网思维下的媒介策划,首先应该切入用户思维,用户的媒介触点在哪里?还要有技术思维,技术驱动下的传媒新形式和新形态是怎样影响传播效果的?传播媒介迭代与升级的出口——用户的入口在哪里?故此,"两微一端"、传统主流媒体以及各类新媒体平台、"大号"APP,也就是说各类用户媒体入口都要纳入整合策划者的视野,这样策划者才能做到统一规划,实现融媒介环境下全媒体社交平台的整合传播。

1. "双微"社交平台营销传播的历史回望

众所周知,即使企业不与微平台的运营商合作,也可以在微博(这里仅指占微博市场主体地位的新浪微博)和微信上很方便地开设自己的官方账号,甚至可以像小米公司那样,设置包括几乎所有产品在内的多个微博账号和微信公众号以及 APP 等。这意味着企业可能以几乎为零的讯息发布成本颠覆传统媒体时代广

告投入高额甚至巨额广告费的做法。微博与微信是各自具有不同属性的两大社交媒体，不可相互替代，但两者对传统广告策划带来的影响都是颠覆性的。

2009年8月，中国三大门户网站之一新浪网率先推出了微博：可以发布，可以转发，140个字数限制，以个人讯息作为微博账号的个体既可以关注别人，也可以被别人关注等。一系列全新的多功能平台迅速聚合了互联网上的网民。例如，你可以随意关注自己的偶像，你的微博发布可以与你曾经崇拜过的那些名人同时出现在一个界面里。无论你是怎样的"草民"，你都可能让别人成为你的粉丝，你的一条有趣的微博可能引发喋喋不休的留言，尽管一些留言者你根本不认识。当然，你还可以拼命转发别人的微博内容，这就是微博作为传播媒体对每一个微博账号而言的个体性和品牌性价值。曾经，微博上流传着这样的描述："当你的粉丝超过100时，你就是一本内刊；当你的粉丝超过1000时，你就是布告栏；当你的粉丝超过10,000时，你就是一本杂志；当你的粉丝超过10万时，你就是一份市报；当你的粉丝超过100万时，你就是全国性报纸；当你的粉丝超过1000万时，你就成了电视台了！"[①]这意味着网络媒体的平台化，意味着媒体平台的社交化。微博，作为一种实实在在的自媒体出现了。这个自媒体既可以是一个人，也可以是一个机构、一个品牌或一个产品。微博以一种全新的传播形式开启了互联网上的自媒体时代，为广告主开启了无需投入广告媒介刊载费就能够发布商业讯息的品牌传播新形式。

2011年1月21日，腾讯推出了微信，当时微信仅是一款为移动端用户提供即时通讯服务的免费软件，然而其后发力——微信在移动互联网个人用户中的快速流行——却让电信运营商们始料未及。2012年8月23日，腾讯的微信公众号平台正式上线。微信公众号的出现，一方面为自媒体带来了盛世，另一方面给商家提供了一个能够承载各种传播符号的信息内容创作与分享平台。更重要的是，它是免费的！至此，微博营销网上独大的局面被打破。

随着微信的线上支付从便利快捷不断走向成熟（如微信钱包里的理财通功能），微信支付、微信红包逐渐普及。微信平台将信息传播、商品展示、商品交易、在线支付、反馈留言、售后服务等商业运营中的各个环节高效连接，实现了线上全程闭环型服务。微信使有限的朋友圈（较之微博的粉丝型关注信任感更强）

---

① 这个内容有多家出处，这里不再一一标注了。——作者注

实现了无限链接、无限转发的"长尾"式联动，其中的商业潜力不可言状。在"精神交往型的公众号＋电商"的商业模式下，企业可以通过优质的原创内容聚集精准用户，在建立用户的文化消费与信赖的基础上建立电商平台，通过提供与内容调性相匹配的电商产品满足用户的喜好，进而各取所需，实现价值交换、品效合一。

与微博相同的是，商家不用支付平台媒体的广告讯息投放费用，而是通过微信公众号的多元化设置和运营形成自己的线上营销传播矩阵。企业可以以品牌公众号（必须具备高水准、有调性的原创内容）为核心，覆盖相关领域，或根据用户细分或根据产品等元素布局多个公众号推广矩阵。

与微博不同的是，微信靠朋友圈的转发和互动散发信息，是强关系、弱媒介的平台，"朋友关系"是纽带，而且通常是真实的人际关系，因此微信属于移动的SNS；而微博是强媒介、弱关系的平台，"信息关系"是纽带，媒介的属性稍强，传播影响的范围更广。故此，在或近或远的人际关系下，微信平台的可信度和信任感更高一些；微博上的粉丝属于追星或偶像关系，缺乏人际间的真实往来，故微博平台的可信度和信任感相对要弱很多。但我们不能忽视微博自身的纠错功能：当一个不实信息传播后，网友们可能从"围观"转而质疑，进而可能转向"人肉"搜索，在互联网的"长尾"效应下，或早或晚都会探索出真相。这些都在无形中提高了"双微"媒体平台的营销功能。

尽管如此，走到今天的微博和微信也已经面临新的挑战：企业靠低成本投入就能够享受粉丝数量快速增长的红利期已过，通过广告来变现流量这一最早的微信商业模式也越来越难以收到预期的效果。因此，重新审视"双微"的营销功能，放眼全媒介时空的发展空间，一个全社交平台整合传播的时代已经到来。

2. 当今全媒体社交平台的整合传播

如今，"影响力"已经成为社会流行度的概念，而影响力的大小受制于传播媒介以及传播内容等诸多要素。毋庸置疑的是，传播媒介是决定影响力的重要因素之一。对于受众的"全传播"的最佳效果是否源于"全媒介"，对于社交平台的传播效果，在科学实验和学术理论方面早已有"六度分隔理论"和"三度影响力原创"给予有力的支撑。

1967年，美国著名社会心理学家斯坦利·米尔格拉姆（Stanley Milgram）"对于当时在社会学界广为传播但是未经证实的一个假说很感兴趣。这个假说是：看来很庞大的由相识关系构成的社会网络系统，在一定意义上说是很小的，人们通过很少的几层朋友关系就可以到达任何另外一个人"[1]。于是，他设计了一种创造性的消息传递机制，通过大概300个人开始自己的链条实验，回答了关于"几层朋友关系"的量值问题："六"。"你自己与世界上任何一个人之间的距离只有六度"[2]，这就是著名的"六度分隔理论"。当然，"六度"只是实验中几个群体的平均值，具有一定的理论意义，而非现实中人人都可以准确地对号入座。

影响力在社会网络上的传播同样遵循一定的规律，"三度影响力原则"（Three Degrees of Influence Rule），即"我们所做或所说的任何事物，都会在网络上泛起涟漪，影响我们的朋友（一度）、我们朋友的朋友（二度）甚至我们朋友的朋友的朋友（三度）。如果超出三度分隔，我们的影响就逐渐消失。同样，我们也身受三度以内朋友的影响，但一般来说，超出三度的朋友就影响不到我们了。相距三度之内的人之间是强连接关系，强连接可以引发行为"[3]。这是继"六度分隔理论"之后，在社会网络传播研究领域最具影响的一个发现，这一理论揭示了社交朋友圈传播效果的刚性和有限性。

"六度分隔理论"和"三度影响力理论"以及其他一些传播理论，是今天我们在数字网络媒介环境下进行传媒策划的重要理论基础。任何一种媒体渠道或社交平台引发的传播效果都是相对的，没有绝对的永恒与神效，媒介的整合即渠道的整合或平台的整合才是保障传播效果的上佳策略。纵览我国传播媒介发展的格局与态势，分析小米等一些企业的品牌传播实效，可以发现，当下，基于全媒体社交平台的整合营销传播是广告策划与品牌传播不可或缺的媒介策略。

第一，"双微"，一个也不能少。

新浪微博作为信息分享型媒体平台，一方面可以使每个人都直接关注自己感兴趣的社会公众人物，如专业名流、话语领袖、文体明星、偶像大咖等，及时获

---

[1] 瓦茨.六度分隔：一个相互连接的时代的科学[M].陈禹，等译.方美琪，校.北京：中国人民大学出版社，2011：15.
[2] 瓦茨.六度分隔：一个相互连接的时代的科学[M].陈禹，等译.方美琪，校.北京：中国人民大学出版社，2011：94.
[3] 克里斯塔基斯（古乐朋），富勒.大连接：社会网络是如何形成的以及对人类现实行为的影响[M].北京：简学，译.中国人民大学出版社，2013：39.

取和反馈他们的微博信息；另一方面其自身也具备"六度分隔"的传播效应，能不断扩大粉丝圈的人数，当然，也包括熟人朋友型的相互关注。因此其信息传播在广度和深度上都比微信更胜一筹。企业的官方微博账号以及关于产品线的微博矩阵相当于企业的自媒体。伴随着Wi-Fi的普及和平台的迭代，新浪微博早已分布于移动终端，其讯息发布可以做到容纳各类内容和传播符号。也正因为微博如此便捷，我们才更应该警惕其商业信息对用户的骚扰，注意发布的节奏和语境。如今，新产品发布、节日活动、明星互动、有奖转发等粉丝运营，尤其是长尾性的话题讨论以及持续的热搜榜，已成为新浪微博营销的有效形式。

微信作为人际关系型社交媒体平台，其最大的优势是可以让用户在较为熟悉且更可能信任的朋友圈里相互拉动、无限转发、形成转化。微信平台可以呈现情感牵动资讯、文化牵导消费、品牌牵引产品，以及真实用户牵领潜在用户、线上传播驱动线下实体店销售等发自熟人讯息交往型的营销传播格局。随着微信产品自身的不断升级和H5等技术的不断创新，在公众账号中加入自定义菜单功能后，微信作为企业自媒体平台的功能进一步扩大。微信平台不断刷新着人与媒介之间、人与人之间的交流方式，也刷新着消费者与品牌之间，即甲方与乙方的触达方式和体验场景。如今，靠流量通过广告变现的经营已经不再是微信营销的最佳选择，这是因为出现在微信平台上的广告投放大多是传统的硬广告，它们不仅会影响广告符号的传播效果，也会影响用户的体验。前面小米的微信营销案例给我们提供了一个很有价值的思路：把微信平台当作企业与用户沟通的重要窗口，以服务拉动营销。微信的这种"客服营销"，可以使用户"华丽转身"为主动的咨询者，而再不是被动接收信息的产品消费者，其意义显然比几个商品摆件更让人期待。企业的微信账号要尽量避免骚扰用户，更多的是为粉丝提供服务。微信客服时代的广告策划，也要将客服纳入品牌传播的管理范畴，除改变营销策略外，还要在售后方面发力。

在品牌自媒体时代，企业的官方账号运营可能直接影响到其品牌的曝光度和好感度。毕竟，相比微博，微信的朋友圈范围相对较小。因此，企业可以将微博与微信的官方账号同期运营，前者侧重讯息发布，后者侧重客服沟通，让甲方和乙方都有自己的主场话语权。故此，在当代广告策划的媒介策略中"双微"一个也不能少。

第二，升级中的传统媒体与数字媒体社交平台主流。

21世纪以来，传统电视媒体遭遇广告危机是真，报纸媒体广告营业额下滑是真，大量期刊纸媒的广告客户流失也是真。不排除在不同的能量元素驱动下偶有拐点，但这改变不了传统媒体广告下滑的绝对态势。然而，更真切的是，我们看到：在台网互动、报网互动的交织传播中，北京电视台的《甄嬛传》火了，湖南卫视的《人民的名义》火了，人民网客户端的军装照也火了！广告商们在这些热款影视作品、真人秀或综艺节目上投资的品牌，其传播度和知名度也收到了良好的效果。近年来，曾以客厅电视的形式称霸传媒市场的主流大媒体，其升级版互联网电视使电视重新上位，重回主流传媒的市场地位。

电视媒体真的会衰败吗？"《人民的名义》不管放在任何一个视频网站，都不会起到如今的传播效果；而《精绝古城》如果顺利登陆东方卫视，一定会刷爆社交媒体（然而没有）。电视早已经占领了千家万户的客厅——合家欢是时代主流，电视文化本质上是家庭内社交，电视已经完全融入了家庭生活。这个会消亡吗？答案是不会。"[①]

从学理的视角看电视的广告媒介价值，主要有几个：第一，在报刊、广播、电视、电影称霸媒介市场的传统媒体时代，"家庭电视""客厅电视"这两个概念本身就是最通俗的价值表达：舒适的沙发、亲人的体温、面对面的沟通和表情，人们沉浸在家人或朋友的温情中共同欣赏电视节目（尤其是在春节、中秋这样的节日气氛中）。尽管人们可以通过移动端获取同样的视频内容，但是场景与氛围对情绪的作用是与个人刷屏时截然不同的。人们需要舒适的环境，这种舒适源于家庭成员或好友闺蜜之间的社交，即合家欢式的沟通和关系。故此，电视客观上起到了维系家庭亲情和社会关系的作用。第二，无论传媒历史如何发展与演变，电视所播放的音频、视频、文案、场景、情节等视听语言的多元素结合，其表达效果远远超过了其他平面静态媒体。第三，在我国的传媒体制下，电视已经通过观众的接触和认知积累出了强大的公信力。今天，作为当代大视频之一的OTT TV（互联网电视业界直接称为OTT，是Over-The-Top的缩写，源于篮球等体育运动，指篮球运动员在头顶上来回传送篮球——"过顶传球"之意），已将传统电视与

[①] 麦冬. 唱衰电视是中国传媒业目前最大的阴谋[EB/OL]. [2017-04-25]. https://www.jzwcom.com/jzw/56/1717.html.

互联网视频内容融于一体，观众可以通过客厅电视观赏到互联网上包括电视剧、电影、综艺节目和动漫等在内的网络视频内容。根据奥维云网提供的数据，仅在2017年"上半年，OTT的内容资源总量已达54,000部+，而传统电视频道在电视剧、电影、综艺和动漫四类节目方面的总量是2000部+。OTT以传统电视频道27倍的内容资源圈粉无数。OTT覆盖了PC端75%的内容，为将用户流量从小屏引向大屏奠定了坚实的基础。OTT内容资源新鲜度高，电影、综艺新资源均超过整体的四分之一；在电视台、手机、PC端能看的优质内容在OTT上几乎都能看得到"[①]（见图3-2）。

注：传统电视内容资源统计范围为央视加上星卫视的电视剧、电影、综艺和动漫四类节目的总数量
数据来源：奥维云网根据自主研发的OTT大数据平台TVVideo Compass_TVG（不含OTT盒子）

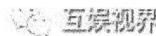

图3-2　2017年上半年传统电视与智能电视（OTT）内容资源总量比较

因此，今天已经升级的电视的品牌化影响力仍然难以撼动。在数字化、众媒体的新环境中，电视媒体的不可替代性可以归结为以下几点：

- "客厅电视"具有维系家庭乃至社会关系的黏合剂作用，不可替代；
- 电视作为视频传播效果"NO.1"的传播媒体，其历史地位不可替代；
- 在我国，具有政府背景的电视媒体长久以来形成的公信力不可替代；
- 数字媒体环境下传统电视内容"互联网+"的OTT化不可替代；
- 传统电视与网络视频OTT的融合使品牌升级，电视的"大视频"性不可替代。

---

① OTT内容资源竞争 上半场格局已定[EB/OL].[2017-08-31].http://www.tvhome.com/article/87937.html.

同理，关于影院电影，一些业内人士在十多年前就曾预言DVD会杀死电影。然而近年来，从小剧场、大片、票补、档期、票房乃至于"锁场"等这些专用术语在媒体上的活跃度来看，我们不难看出电影市场的阵阵热度。例如，2017年暑期开始放映的《战狼2》，让我国电影的名字终于出现在世界票房前100名的"大片"榜单上。从学理的视角看电影媒体的广告价值，相对于电视，电影媒体的不可替代性可以归结如下：

- 在规定的档期才能看的期盼性与瞬时传播的快感不可替代；
- 真正意义上的大屏幕电影画面带给观众的视觉体验不可替代；
- 包括音响在内的专业化观影环境带给观众的舒适感不可替代；
- 包括小剧场在内的观影场所的专门化和观众注意力的专一性不可替代；
- 历史传承下来的"看电影"与生俱来的社交诚意感不可替代。

这里，我们并非要讨论电视或电影媒体的视频化传播效果问题，而是要关注从观众到受众的转化，关注媒介对受众的吸引力和聚合力问题，关注由此带来的开机率、收视率、上座率、票房、互动率以及转化率的提高问题，即关注电视或电影作为广告媒体的价值升值问题。以上关于电视或电影媒体的诸多不可替代性，预示着这些媒体对广告主的吸引力会有所提升，而电视插播广告、综艺节目冠名广告以及其他广告、影院贴片广告、电视剧和电影植入广告将会产生更好的传播效果。近年来广告主们在诸多真人秀或综艺节目冠名广告上的攀比就是明证。

"报纸消亡论"从2005年就开始在全球报界弥漫，无论哪个国家，报刊的一家家关闭似乎都在验证这个预言。然而事情远不止这么简单。2017年7月29日晚20:00我国建军节前夕，以"快看呐！这是我的军装照"为主题的H5上线了，于是出现了朋友圈里一波又一波的刷屏高潮（见图3-3）。"从7月29日晚20时发布，到今天（7月31日）下午18时，不到24小时就创下了人民日报新媒体H5浏览量最高纪录2.09亿，H5被分享超过711万次，准备申报吉尼斯纪录。"[①]

---

① 陈浩洲. 快看呐！人民日报客户端"军装照"PV过2亿了，拟申报吉尼斯[EB/OL]. [2017-07-31]. http://www.yidianzixun.com/article/OGXYKldp.

图 3-3　网友们纷纷晒出自己不同时期的"军装照"

网友们晒出自己"军装照"的前提，就是要下载《人民日报》的移动终端。"军装照"H5的上线使以前从未下载过《人民日报》客户端的网友们纷纷出手，开始关注《人民日报》的微信公众号。军装照H5"裂变式"的传播，使军装照H5"上线10天浏览次数（PV）便累计突破了10亿、独立访客（UV）累计1.55亿[①]。这里，无论是《人民日报》的客户端APP，还是其微博官方账号或微信公众号，都是依傍在《人民日报》这棵大树下的品牌延伸物。

从学理的视角看《人民日报》的广告媒介价值：尽管在纸媒下滑的大趋势下，报纸很难再提高甚至维持其市场份额并留住读者，但是其传播媒介的品牌效应已经铸成。如是，报纸品牌的影响力可以转移到新媒体平台上，其早已根深蒂固置于人们内心深处的知名度、诚信度和依赖性至今仍然难以被撼动。报纸媒体品牌的不可替代性归结如下：

- 传统的报纸媒体具有深度的说服力和让人凝神思考的张力；
- 作为纸媒的报刊至今依然是专注性强的高端学习工具；

---

① 燕帅，宋心蕊."军装照"创世界纪录后，人民日报新媒体主任分享了11条干货[EB/OL].[2017-08-22]. http://www.sohu.com/a/166341939-570245.

- 地域性报纸的目标受众针对性强且成本低，非常契合市场目标的对象性传播；
- 我国数字报纸的传媒价值首先是报纸媒体品牌的移植及其与生俱来的政府公信力；
- 报媒机构设在新媒体社交平台上的各类官方账号的传播力依旧强劲。

商业传播的第一要素是什么？是信任。

传统媒体无可替代的独占性资源是什么？是品牌。

面对多元化的复杂体系，我们必须用系统论的方法去考察传媒的整体生态。数字技术、网媒天下，传统媒体与新兴媒体之间并非相互替代的关系，而是可以并存、交融的关系。无疑，传统媒体的公信力和诚信度比新兴的网络媒体更高，传统媒体对塑造广告品牌的诚信形象相对于新兴的网络媒体效果更好。基于学理视角，我们不难领悟到上述传统主流媒体得以持续至今且新媒体永远不可能替代的传播优势和强势。故此，在当今的广告策划中，由传统媒体升级而来的非网生性电视、报媒等传播渠道，也应该是建立广告品牌诚信度的重要甚至必要的媒体。

3. 多平台的社会化营销策略执行

面对今天的众媒介形态，当代广告策划如果选择了"双微"平台，选择了传统主流媒体升级版的微平台官方账号，品牌传播就能到位吗？答案依然难以肯定。这是因为，无论是品牌知名度还是诚信度，其能否建立起来，是发生在受众或用户触达媒介、看到广告讯息之后的事情。因此，当代广告策划的首要任务是使目标受众或用户触达广告品牌的讯息。无论是传统媒体的数字新形态还是各种网生性新媒体形态，只要是媒体受众或用户会使用和触达的，都要纳入广告策划的媒介策略中，以形成"全媒体社交平台"的当代整合营销传播格局。

"全媒体社交平台"的整合营销传播，亦称多平台营销，包括"双微"、各个视频网站和直播网站、移动终端的各类APP以及各类论坛和贴吧等。"大概在2013年，所谓'双微运营'成为了中国社会化营销的标配，大部分社会化营销都围绕着微博、微信及其形成的KOL生态进行，这种情况持续了多年。然而随着移动互联网的发展，中国的社交网络开始呈现多元化、复杂化的特点，在不到5年的时间内，除微博、微信，相继诞生了陌陌、知乎、秒拍、映客直

播等社交属性的应用，它们共同构成了移动互联网时代社交媒体的新生态。"[①]（见图3-4）

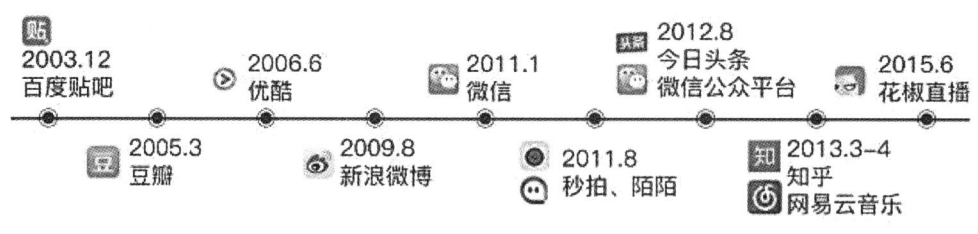

图3-4　中国社交网络发展历程[②]

通过前面小米的案例分析，我们可以知道：根据不同社交媒体平台的性质，针对不同的传播目的，发布不同的内容，吸引不同的用户，这正是小米由"双微"营销转向全媒体社交平台营销且能够持续获得成功的媒介策略。

整合多元化的全媒体社交平台后，企业一方面可以让平台承载长文案、微短文、长视频、短视频、直播、产品图片、活动场景、互动问答、咨询服务等各类品牌符号的内容传播形式和任务，完善广告服务功能；一方面还可以根据各平台的传播属性和特征，做到优势互补、优化投入。有专业人士对当前人们使用社交媒体的情况做过如此推测："在一天内，人们的时间被不同的APP切割成碎片。在移动互联网时代，用户的大部分注意力已经集中在智能手机上，其中更大部分集中在上述那些社交网络上。"（见图3-5）

受众或用户只有触达了媒介才可能进入广告讯息的接收状态，在受众或用户"碎片化"使用传播媒介的这种环境下，全媒体社交平台的整合营销传播便成为大势所趋。用户什么时间可能接触什么媒体，广告的营销讯息就应该在那个时间出现在那里进行传播。这是广告媒介策划的不二准则！当下，我国已经形成了一批比较活跃的社交平台，由于不同的研究机构得出的结论不一样，本书在这里仅选用一个发布在微信公众号上的研究结果（在此并不排除其他研究机构或个人的不同研究结果）。

根据微信公众号"寻空的营销启示录"在其"营销指南"栏目中发布的研究成果，当今我国全媒体社交平台的整合营销传播已经"形成了由微博、微信公众

---

①② 寻空. 双微运营已死，社会化营销的下一个趋势：全社交平台营销[EB/OL]. [2017-07-28]. http://www.sohu.com/167807549_480537.

平台、优酷、今日头条、秒拍、知乎、豆瓣、网易云音乐、贴吧、直播（花椒、映客、一直播）等，再加上自己所处领域的垂直平台"①组成的矩阵（见图3-6）。

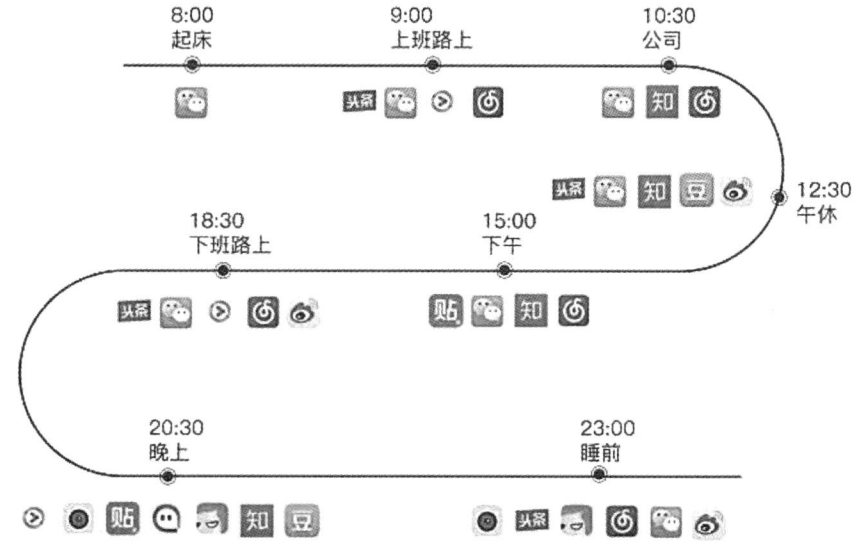

图 3-5　一个人在一天里使用社交 APP 的时点分布②

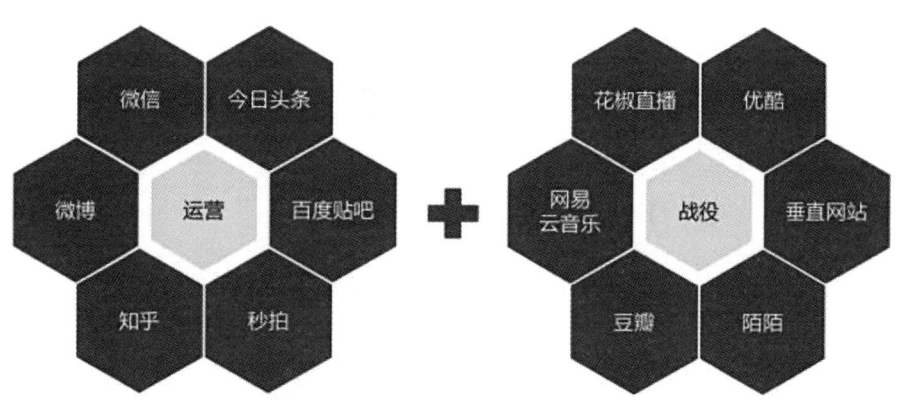

图 3-6　国内全平台营销矩阵③

因此，广告策划中的媒介整合传播策略就必须考虑用户使用社交媒体时的如下"入口"或"触点"。

---

①②③　寻空. 双微运营已死，社会化营销的下一个趋势：全社交平台营销 [EB/OL]. [2017-07-28]. http://www.sohu.com/167807549_480537.

（1）视频平台：优酷、秒拍（见图3-7）等

图3-7　视频媒体优酷、秒拍的关键词特征[①]

企业选择视频网站的目的，是要以动态和动感画面更丰富地展现和传播产品或品牌的特性，如优酷上的新产品发布会或各类信息活动视频，无论时间长短，其成本都远远低于电视媒体的新闻发布会，如果在OTT TV上播放也会产生同样的视频效果。近年来，短视频市场的火爆使人们对秒拍等APP的使用更加频繁，这使广告主越来越重视包括短视频在内的视频营销。

视频营销广告的传播路径既可以是视频内容以外的前贴、中插、后贴、画框等，也可以是视频内容中的各种植入，更可以是流行的视频内容营销等"软"广告。短视频的便捷性使之在微博、微信以及各大视频网站上几乎畅行无阻，从而成为密集渗透型传播的最佳选择。

（2）贴吧或论坛平台：百度贴吧（见图3-8）等

百度贴吧更像一个瞭望窗口和T台，通过这个平台，任何广告讯息都易于识别且可以引发关注。今天，尽管社交媒体已进入普及化发展的时代，但各种论坛非但没有失去原有的作用和地位，一定意义上讲，反而成了人们宣泄的论道场和沟通的桥梁，为陌生人带来了社交活力。广告主利用百度贴吧或论坛的目的主要有两个：一是发布产品或品牌信息，引发用户之间的互动；二是监控和引导品牌舆情。这些"非广告"形式的信息传播可以根据贴吧或论坛中上下楼的场景发出真情的文字诉求，晒出更贴近现实的产品图照（不像广告那样经过艺术加工后与

---

① 寻空. 双微运营已死，社会化营销的下一个趋势：全社交平台营销[EB/OL]. [2017-07-28]. http://www.sohu.com/167807549_480537.

真实产品有出入）。而且，这种"非广告"形式还不像硬广告那样受时间和空间的限制，因而可以自主、尽情、尽兴地通过提问与解答的形式展示品牌性能和企业文化。故此，相对于硬广告，贴吧或论坛的信息传播真实感强、针对性强、引导性强、客观性强，尤其在产品遇到某种危机的情况下，它们更能了解舆情、有效引导，无疑是品牌公关活动的最佳媒体平台。

图 3-8　百度贴吧的关键词特征①

在百度贴吧或各种论坛上，营销传播形式更加丰富多彩。企业或品牌首先要建立自己的官方账号，如"小米吧"，以接纳"米粉"、发展会员、收集信息。吧主在第一时间或适时解答吧友们提出的各种问题，发展小吧主，随时注意平台上的图片传播效果，在出现负面信息或负能量传播符号时要能针对性地及时给予回复，以正面、积极的态度消解负面影响，包括真诚的反思甚至道歉等，以正视听。有时候，对品牌负面事件的有效回应和及时解决可以产生比直接的硬广告更好的传播效果。在"人人皆记者"的自媒体环境下，在维护和坚守品牌的正面形象方面，贴吧和论坛这类舆论导向型传播媒体的作用不可小视。

---

① 寻空. 双微运营已死，社会化营销的下一个趋势：全社交平台营销 [EB/OL]. [2017-07-28]. http://www.sohu.com/167807549_480537.

（3）大众平台：新闻资讯类 APP，如今日头条（见图 3-9）等

图 3-9　今日头条的关键词特征 ①

随着智能手机的普及，众多新闻资讯类 APP 纷纷登陆人们的移动终端，经过几年的大浪淘沙，只有较少的一部分留住并发展了用户，保持较高的日活跃用户（或周活跃用户）数量而存活下来。2017 年 1 月 13 日，人民网传媒频道发布了一条重磅报道："今日头条客户端的用户数已超过 7 亿，日活跃用户超过 7800 万，每人每天的使用时长达 76 分钟，是用户平均使用时间最长、日均启动次数最多的独立移动资讯客户端。头条号是今日头条推出的内容创作平台，截至 2017 年 1 月，已有超过 44 万个个人、组织开设头条号，超过 3.5 万家各级党政机关进驻。头条号已经成为党政机关实现'两微一端'全覆盖的重要平台。"② 今日头条全年发布内容的年阅读量已经达到 82 亿次。

源于《人民日报》发出的"两微一端"的提法，这是何等的荣耀！年 82 亿次的阅读量已经为传播媒体提供了"量"的保障。作为"一端"的典型代表，人民网传媒频道对今日头条的报道无异于是对这一传播媒体的"质"的提升；今日头条曾对外宣称其 2015 年的广告收入达到 15 亿元，2016 年的广告收入达到 60

---

① 寻空. 双微运营已死，社会化营销的下一个趋势：全社交平台营销 [EB/OL]. [2017-07-28]. http://www.sohu.com/167807549_480537.

② 杨芳. 年阅读量 82 亿 今日头条解读政务传播的人工智能时代 [EB/OL]. [2017-01-13]. http://media.pefple.com.cn/nl/2017/0113/cl4677-29021547.html.

亿元。其实远不止于此。"在知乎上，今日头条的成功被分解为'信息流 + 个性化推荐'，信息流不足为奇，张一鸣如何从'个性化推荐'切入，做出 100 亿的广告收入？"①绝对增长的广告收入意味着今日头条当前的商业模式已经走向成熟，在大数据追踪分析和推送技术与算法的支持下，今日头条根据用户的浏览点击行为进行用户兴趣画像进而洞悉用户的需求，由此决定广告导流的推送内容，从而达到了高于其他新闻资讯类 APP 的传播效果。从 APP 的覆盖面看，今日头条似乎是面向社会的大众平台，但是其对新闻资讯和商业信息的个性化精准推送，则是其媒介传播效果的保证。故此，在当下的广告策划中，投放今日头条这样的移动新闻资讯 APP 所达到的品牌传播效果不言而喻。

（4）小众平台：知乎、网易云音乐和豆瓣（见图 3-10）等

图 3-10　知乎、网易云音乐和豆瓣的关键词特征②

智能终端的普及使各 APP 的开发与运用成为移动互联网上的常态。除了门户类和聚合类的新闻资讯 APP，针对不同细分人群的各类较为专业化的 APP 也如雨后春笋般出现，其中不乏已经品牌化了的佼佼者，如知乎、豆瓣、网易云音乐等。位于北京市海淀区学院路的北京智者天下科技有限公司的旗下品牌知乎，就是一款定位于特定人群的 APP。该公司发布在移动终端的 APP 简介为："知乎，中文互联网最大的知识社交平台。知乎以知识连接一切为使命，凭借认真、专业和友善的社区氛围和独特的产品机制，聚集了中国互联网上科技、商业、文化等

---

① 一年卖近 100 亿广告的今日头条是怎么做生意的 [EB/OL]. [2016-10-21]. http://www.sohu.com/a/116795090_463923.
② 寻空. 双微运营已死，社会化营销的下一个趋势：全社交平台营销 [EB/OL]. [2017-07-28]. http://www.sohu.com/167807549_480537.

领域里最具创造力的人群,将高质量的内容透过人的节点来成规模地生产和分享,构建高价值人际关系网络。"[1]（如图3-11）

图 3-11　知乎产品服务的用户定位

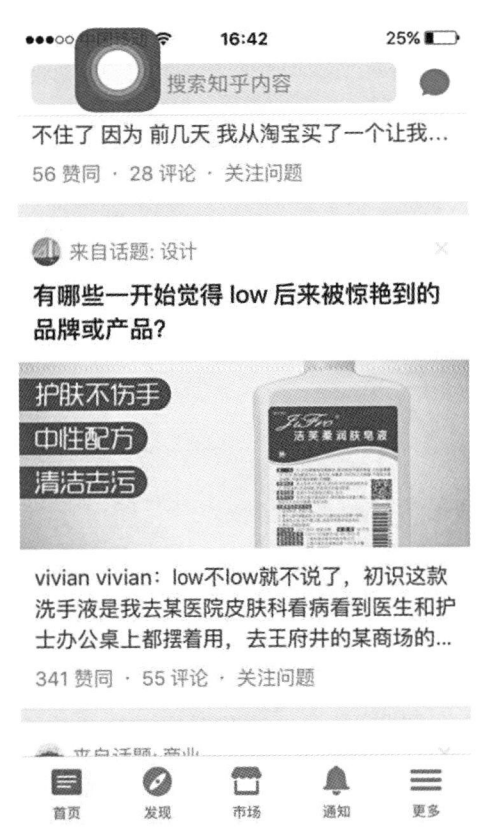

图 3-12　某产品在知乎上的问答及反馈截图

知乎把自己服务的用户定义为"最具创造力的人群",针对求知好学的知识性人群开发APP。相对于今日头条、QQ这样的大众平台,知乎可以说是相对的小众媒介,其他如豆瓣、网易云音乐等也具有相似的意义。针对一定的受众细分"群"（而非今日头条针对用户个体进行个性分发）,知乎可以更有针对性地提供专业化服务,优化性能,注重体验感,增强用户对平台的黏性和群友之间的互动性。这类媒介尽管是相对的小众平台,但其对相关用户的吸引力和深度开发力却是大众平台难以企及的。这类社交平台的营销策略也与"双微"以及大众平台等有所不同（见图3-12）。[2]

---

[1]　知乎移动客户端APP"联系我们",2017-09-28.
[2]　知乎移动客户端APP"来自话题——设计",2017-10-4.

当然，图3-12也可以被理解为用户一次纯粹的使用体验交流，但是在APP界面上出现的通栏大幅图示以及文案，至少在客观上能够起到传播产品功能和品牌形象的作用。这类平台经常采用队友或用户之间相互问答的软广告形式，因而在建立产品或品牌形象方面有着特定的功效。

（5）直播平台：花椒、映客、一直播、火山直播（见图3-13）等

图3-13　花椒直播的关键词特征[①]

2016年曾被传媒界称为直播"元年"，元年之后的2017年虽然遭遇了直播行业的转折，但是直播行业并未出现一发而不可收的下滑态势。对于直播快速下行的转折原因，不排除我国政府针对直播市场的管理政策法规不断到位，包括设定直播平台以及直播网红资质"门槛"等因素。其实"直播"算不上什么新概念，在传统电视主导媒介传播的时代，各种文娱和新闻发布会等直播形式已经令人们见怪不怪。今天人们热衷讨论的"直播"，是通过网络技术让人们能在PC网页或者各种移动客户终端实时观看视频内容的一种活动。在我国，直播近年来被传统广电机构之外的网生性媒体炒热。这些民间网络经营机构通过制造"网红"来提高流量，以达到某种商业目的。如花椒直播，它就是一个由360孵化出来、于2015年6月正式上线的移动社交直播软件，其开发商北京密境和风科技有限公司通过打造百余档以明星为强势阵容的自制节目，在短时间内便快速吸引了一

[①] 寻空. 双微运营已死，社会化营销的下一个趋势：全社交平台营销[EB/OL]. [2017-07-28]. http://www.sohu.com/167807549_480537.

大批用户。"花椒直播的每一次明星直播都能带来爆发式增长。在上线后的一年时间里，花椒直播陆续实施了多个战略策略。比如推出VR专区，成为全球首个VR直播秀场；开通天猫旗舰店，单笔消费最高额达59,998元；发布融平台战略，打破媒体界限，以期打造更多优质内容等。2016年9月的A轮（融资）入账3亿元（人民币）。这个数额放在直播领域投融资频发的2016年，依然不是个小数，足见市场和资本对花椒直播的偏爱。"[1] 窥一斑而见全豹，直播作为实时互动媒体平台的特征十分明显：

- 实时直播的即时互动、用户与主播的交互发力提升了用户的体验感；
- 对传播内容的即时弹幕或打赏等反馈形式体现了其独特的网生性；
- 多数直播平台前期依赖明星快速吸引用户使其具有明星媒体的属性；
- 多数直播平台通过培育网红赢取粉丝数、保证平台的日活数和月活数；
- 直播依赖于3D音效、VR、全息投影以及新兴直播软件等科技的驱动；
- 国家规范化的管理制度将进一步催化直播健康发展的商业模式。

直播平台的媒介价值当然会引起广告商的注意，一次（一场）直播活动便可以使广告有机会延伸到直播的前后时空。这里，我们仅以2016年12月30日王菲的"幻乐一场"上海演唱会为例，观察直播活动给广告商带来的投放机会与品牌展示机会。整场演唱会30首歌，超过2100万人在线观看直播。

第一阶段，演唱会前3个月发布会后的品牌传播：腾讯视频、梅赛德斯－奔驰。

2016年9月9日，2016王菲上海演唱会在北京举办了发布会，之后几十家媒体相继并持续发布信息。典型的标题如凤凰网在凤凰音乐栏目下的"全球独播王菲2016演唱会腾讯视频LiveMusic再书传奇"。主要信息为：演唱会由腾讯视频（腾讯视频LiveMusic获得全球独家网络播出权）全球独家直播，演唱会地点为上海梅赛德斯－奔驰中心。腾讯视频Live Music也从9月到12月对该演唱会进行全方位跟进式的跨平台预热。

第二阶段，演唱会门票媒体的品牌传播：蒂芙尼、祖马龙、珀纳黎。

如果有广告商投资品牌，那么演唱会门票自身就可以充当广告媒体。王菲演唱会的门票分别为1800元、5800元、7800元。在7800元的票价中包含有蒂芙

---

[1] 范特西. 花椒直播：富二代的努力与挣扎 [EB/OL]. [2017-06-15]. http://news.pedaily.cn/201706/20170615413.shtml.

尼王菲纪念版项链一条、祖马龙香水一瓶、珀纳黎手包及钱包各一个。门票随赠了三个品牌下的四件奢侈品礼物（见图 3-14）①。

图 3-14　2016 年王菲上海演唱会门票附赠礼品

第三阶段，演唱会直播平台即时性品牌。

话筒位：百事可乐、金典有机奶。

直播中插：林肯大陆、百事可乐等。

 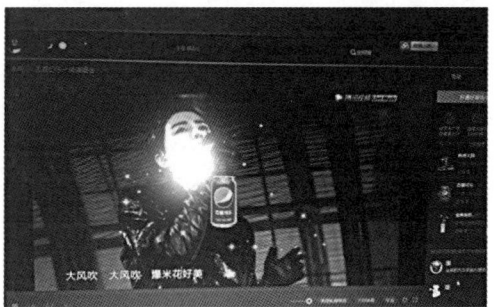

屏幕挂角：特约赞助品牌百事可乐、华为、金典有机奶等。

弹幕：百事可乐、金典有机奶、林肯大陆、康师傅、富士康、丛林豹、上海德壹商业地产、聊城大学、马先森修车铺、东北考研联盟等。因为讯息

---

① 图片来自腾讯娱乐："王菲演唱会票太贵了？不！来这里白菜价带你看王菲！"

量太大，人工进行统计难以悉数尽收，这里仅以本书作者当时截取的少量截图为例（见图3-15）。

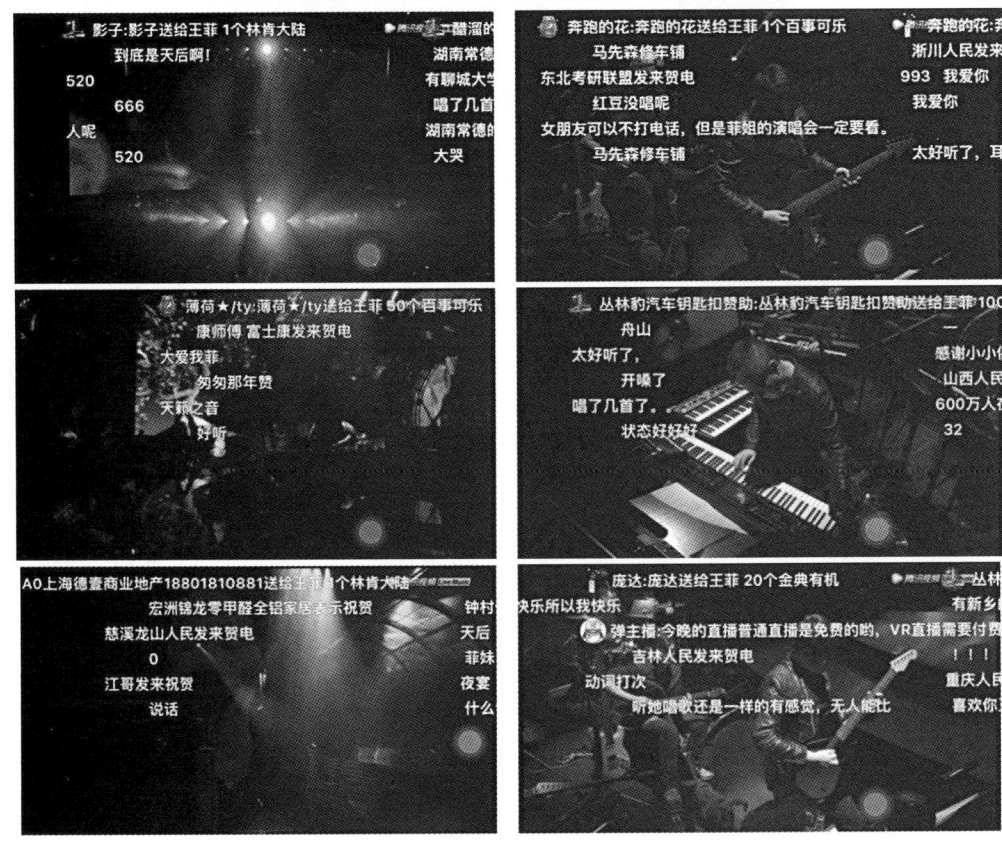

图3-15　2016年王菲上海演唱会腾讯直播平台曝光品牌

从图3-15王菲上海演唱会腾讯直播平台曝光的品牌的位置和数量可以看到，直播作为一种广告媒体形态，其提供给品牌的露出时空有极大的拓展性和较强的传播力。演唱会话筒位置和中间的插播广告，对于非腾讯视频VIP会员的直播观众来说，具有强烈的视觉掠夺性，这使得他们记忆品牌的效果高于其在日常场景下的效果（如果要避开这类广告的干扰，只要即时点击屏幕按钮，切入会员模式即可）。弹幕在这样一场演唱会期间可以滚动展示人工难以计数的大数据讯息，其曝光品牌数量的能力尽管受到直播平台条件的限制，却给合作的企业广告品牌提供了巨大的文案创意空间，品牌露出的次数也是其他媒体形态所难以比拟的。这就是直播平台作为广告媒介新形态所难以估量的品牌传播价值。

要点小结

全媒体社交平台的整合策划与策略旨在立足于技术驱动下移动社交平台的迅猛发展，让历史告诉未来：从"双微"到"两微一端"，再到全媒体社交平台的整合传播，这里隐含着传统媒体的品牌优势，同时又将这些优势移植、嫁接了其社交媒体的客户端。

◎ 各个媒体载具之间不是彼此"相加"的关系，而是优化与整合的关系，媒体可以精准地切入用户的"触点"和"入口"。

◎ 无论是"沉浸式"还是"裂变式"的传播，从原理讲，其广告策划都要根据不同的品牌和不同的传播目的，考虑广告主的投入产出效益，从而选择不同属性的媒体平台，发布不同的内容，以求覆盖目标用户。

◎ 全媒体的整合营销传播策划始终要充分发挥社交平台的"网生性"，以形成可持续的转发与互动行为，产生长尾效应，从而使品牌能借力全媒体社交平台且拥有新的成长力。

案例三:基于全社交平台的整合营销传播
——从小米手机品牌的线上营销看媒介策略

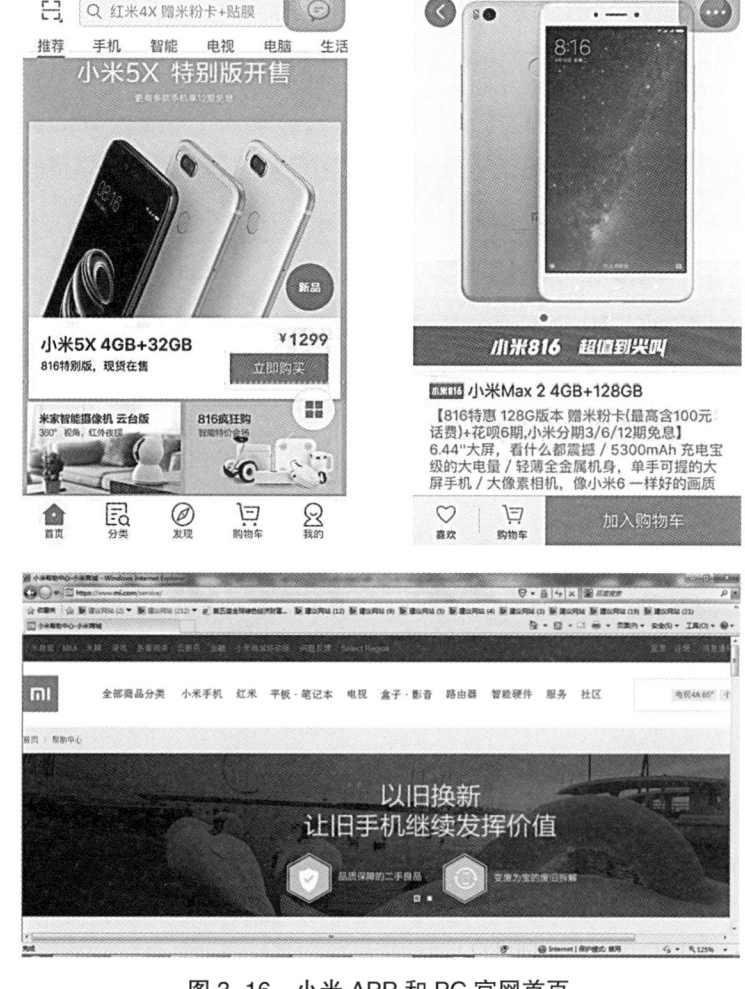

图 3-16 小米 APP 和 PC 官网首页

一、被称为"全社交平台营销先锋"①的小米

1. 小米官网上为何找不到企业简介

无论是打开小米 PC 官网还是打开小米手机 APP（见图 3-16），用户注册后页面紧接着是"小米商城"主页，主页上迎面扑来的是各款小米手机酷照或小米推出的最新服务，在自动转闪的页面和款款交叠的各种售卖信息中，根本找不到关于小米企业的官方简介。而且，在众多小米的官方网站里，用户也几乎无法从网页上的菜单和内容中看到关于小米企业的格局、品牌文化成长史等常规化的企业信息，小米线上的每一次曝光都是销售！小米依靠卖商品而不是铺天盖地的软硬广告让人们认知了品牌，这就是小米品牌问世的与众不同。"众所周知，小米在刚起家的时候不做广告，那时候小米基于自己的论坛和双微形成了社会化营销矩阵，它的社会化营销让人印象深刻，以至于 2011 年左右说起社会化营销就必谈小米。"② 当年的小米手机不做硬广告，不在实体店销售，只凭借线上的各式营销传播和价格优势便进入了竞争激烈的手机市场。然而，"小米"这个牌子却不胫而走，在短短的几年内便使品牌在销售中诞生，并在销售中成长、壮大。

在新浪的小米官方微博账号上，我们看到了"小米科技有限责任公司"这一"屌丝"手机生产商的全名。作为一个后进入手机市场的新企业，2010 年小米科技有限责任公司（简称"小米"）刚刚成立的时候，"谁都不会想到小米能够走到今天，凭借着小米'屌丝机中的战斗机'策略，小米公司一跃而成为国产手机厂商中数一数二的大佬，与华为、魅族等老牌国产手机厂商平起平坐，不得不说雷军确实是个商业奇才"③。

2. 小米手机当初的"饥饿营销"为何越卖越好

至今，在一些营销课堂上，每当老师们讲起营销策略，还会经常提起当年小米手机的线上"饥饿营销"策略。所谓"饥饿营销"，顾名思义，就是以某些利益点吸引用户购买，同时商品供货方（包括产品的生产者和经营者等）有意调低

---

①② 寻空.双微运营已死，社会化营销的下一个趋势：全社交平台营销 [EB/OL]. [2017-07-28]. http://www.sohu.com/167807549_480537.
③ 苏争鸣.屌丝机中的战斗机 浅谈小米手机发家史 [EB/OL]. [2017-08-12]. http://www.qianzhan.com/indo/news/detail/346/140812-0a24aa8c.html.

供应量，造成一种市场缺货、供不应求的假象，通过有效地调控这种商品的供求关系来达到供货方的某种目标。早期供货方采用"饥饿营销"策略时所追求的目标，大多是较高的商品销售价格和利润率，当商品在市场上供不应求时，供货方借此提高售价，以赚取更高的利润。然而，小米的"饥饿营销"并不是这个目的，而且恰好相反，小米手机以相对的低价位杀入市场，并保持着这一低价位销售。尽管这种"饥饿营销"饱受网上欲购者以及广大网民的诟病，但由于商品在价格上占有绝对优势，因而这种做法"并没有影响到小米手机的销量，甚至因此而越卖越好。小米手机在卖得最火的时候，有人三个月都没抢到一部小米的购买码"①。这种情形出现在2010年前后，为什么？

回望当时的市场背景，智能手机渐起，我国本土的智能手机品牌刚刚进入市场且尚未被消费者认知，整个市场几乎被苹果、三星等国际一线智能手机品牌垄断。而这些国际大牌的手机售价一直盘踞在5000—7000元的高位，这种情况一直延续到现在（尽管后来苹果也推出过3000元左右的中端价位产品，然而这难以改变其高价位的市场格局）。智能手机的市场潜力显而易见，小米公司看到并把握住了这个机会。"明确了自己的定位，用最低的价格获得订单，用最好的质量生产手机，所以当小米1代发布的时候，几乎震惊整个手机市场：雷军疯了吗？这个配置卖这个价钱，岂不是要亏到血本无归？"②但是，线上直销节省了广告营销和店面实体经营的成本，"饥饿营销"则在低价位智能手机供不应求的市场状态下保障了资金的快速回笼，这是小米最成功的策略。小米以2000元低价定位杀入市场以及线上直销和"饥饿营销"，其社会效益和经济效益产生了多元利益。对微观的消费者而言，小米使智能手机加速了在我国的普及，我国越来越多的消费者用上了低价位的智能手机，物美价廉利益实在。对中观的企业经营而言，手机上线的速度，虽然仅仅推迟了几个月的时间，企业却足以享受当时原材料降价带来的成本下移利好，生产的成本压力减轻了。对宏观的国家利益而言，小米手机品牌的脱颖而出，使我国本土的智能手机品牌闯入了市场一线，与苹果、三星等国际大牌并驾齐驱，提升了我国本土手机品牌的国际竞争力。小米公司的"饥饿营销"，既是营销策略，又是传播策略，还是

---

①② 苏争鸣. 屌丝机中的战斗机 浅谈小米手机发家史 [EB/OL]. [2017-08-12]. http://www.qianzhan.com/indo/news/detail/346/140812-0a24aa8c.html.

生产策略。其线上直销的做法打破了当时的市场规则，且本身形成的传播效果既有利于消费者，也有利于企业以及产品的品牌化口碑。尽管当时还不习惯这种方式的消费者或网友怨声载道，但当他们只花 2000 多元却同样可以享用到手机的各种智能功效时，他们可谓心花怒放。

二、小米的"双微"营销传播策略

1. 小米在新浪的微博营销

图 3-17　小米公司在新浪的微博账户第一屏

打开小米公司在新浪的官方微博界面，大幅旗帜广告不断地闪烁刷屏，重复着小米公司一贯的线上风格：讯息即品牌，网页即销售（图 3-17）。截至 2017 年 8 月 15 日，小米公司微博的粉丝数量增长到 12,084,182 人、微博 14,609 条，而关注这个账户本身的人/户却只有 865。一个具有千万级粉丝数量的微博账号，却只有 1 万多微博条数，这无疑印证了这个微博账户的电商功效：人们只关心小米的产品信息，而没有发起什么社会性话题。在此我们不得不提小米品牌更为重要的一个微博账户——小米掌门人、小米公司董事长兼 CEO 雷军的个人微博（见图 3-18）。截至 2017 年 8 月 15 日，雷军个人微博的粉丝数为 14,964,637 人、微博 6915 条，而关注他本身的人/户只有 1077。雷军微博的粉丝数比小米公司官方账户的粉丝数高出近 290 万人，当然两个账户之间会有相当多的重叠部分，但仅差额部分的数量也是国内不少企业微博账户求之不得的。毕竟人们明白，粉丝数对品牌意味着什么。

图 3-18　小米董事长雷军的新浪微博

图 3-19　小米在新浪微博上的公司定位和简介

在小米公司的官微上，我们终于看到了小米公司对自己的定位：行业类别为"IT/互联网电子产品·网络产品"，一句话的简介，实际上也是小米公司的经营理念："让每个人都能享受科技的乐趣"（见图 3-19）。小米手机 1 代的低端价位、网上直销以及"饥饿营销"等策略，都一一体现出"让每个人都能享受科技的乐趣"这一经营理念。微博营销，是小米品牌早期线上营销的重要渠道，多次被学界和业界称为"取得惊人效果"并传为美谈。

小米公司成立于2010年，"2009年微博诞生，中国的Web 2.0时代开始拉开序幕，2011年微博营销开始发酵，并在随后的一两年内火爆异常，成为中国社会化营销的鼻祖（当然论坛时代就有论坛营销，但其普及度远不及微博）"①。小米公司以及其产品问世之时正值我国微博营销发展的大好时机，微博平台使小米产品成了名副其实的"网络产品"。如果翻阅雷军的微博内容，可以发现它几乎可以说无产品不"发微"，其公司的官微更是如此。小米手机最早引发消费者关注的除了价格低，还有只在网上销售。针对这类纯粹的网购品，微博这一媒体平台对小米产品的广告传播与导购作用举足轻重。

小米产品微博营销的操盘手是"小米军团"。作为一支专业团队，"小米军团"能够持续并快捷地发布产品信息，策划并组织粉丝讨论热门话题，及时答复消费者的有关问题，敏锐地回复粉丝或网友通过微平台提交的各类反馈。与传统广告产业的运作截然不同，这里没有专业化的广告代理商，小米的官微就是公司的自媒体，"小米军团"就是专门从事营销传播和产品信息沟通的服务团队，他们通过制造话题如"#米言米语#"等引导舆论，基于不断推出的新产品积极建构与"米粉"之间的直接品牌关联。微博俨然成了小米公司打造品牌的渠道和产品营销传播平台。

借助微博平台，"小米军团"组织了一系列的品牌传播活动，如经常被网友们称道的"小米免费赠送手机"，就是为了奖励转发微博（产品信息）的粉丝们。小米问世之初，几乎天天有转发抽奖活动，后来这成为常态。借助企业自媒体不间断的微博活动，小米既吸引了产品的现实消费者，也挖掘了潜在消费者；既增加了微博的"米粉"数量，也发散和扩展了产品的信息流通路径；既传播了产品优势和品牌个性，也保持了小米线上的话题热度。当然，品牌传播的背后是"好产品"的支撑。尽管当年消费者在拿到小米手机后，也出现了一些问题反馈和负面传播内容，但从总体看，由于小米产品"便宜、实用"的特点迎合了80后、

---

① 寻空. 双微运营已死，社会化营销的下一个趋势：全社交平台营销[EB/OL]. [2017-07-28]. http://www.sohu.com/167807549_480537.

90后的需求，其自身"配置高，价格低"的定位，使它在性价比方面堪称"好产品"，所以小米的产品线能不断延伸，品牌价值能逐渐积累起来。小米不只利用微博，同时也充分利用其他线上传播形态，如软文、论坛等渠道保持品牌的传播力和生命力。

小米品牌的创立与迅速扩散，与其无处不在的 Logo 密切关联。小米的 Logo 是一个"MI"形，这既是"米"字的汉语拼音，也是"Mobile Internet"，即"移动互联网"的英文缩写，代表着小米是一家移动互联网公司。其 Logo 的表达简洁明了、直戳要义。如果再以广告文案的视角去观察，把小米的 Logo 倒过来，似乎还可以看到一个"心"字，但却少了"心"字右侧的一个点，可以诠释为小米要让消费者们省一点心，潜于形后的品牌文化跃然而出（见图 3-20）。

图 3-20　摘自百度图片的小米公司 Logo

一个有品牌文化的企业自然容易走上全员公关的传播之路，小米公司打造的微博矩阵实现了全员参与的线上公关营销传播。"微博矩阵是指在一个大的企业品牌之下，开设多个不同功能定位的微博，与各个层面的网友进行沟通，以达到全方位塑造企业品牌的目的。小米在微博营销方面建立了一个完整的微博矩阵，它包括：公司级别的 @ 小米公司；产品级别的 @ 小米手机、@ 红米手机、@ 小米电视、@ 小米盒子、@ 米聊、@MIUI_ROM；管理层级别的 @ 雷军、@ 黎万强、@ 林斌_Bin、@ 小米王川等，以及大量的员工微博；粉丝类型的 @ 小米社区、@ 小米粉丝会、@ 小米手机后援会等。"[①] 小米团队 + 全员参与 + 微博大号（如雷军个人的微博）等传播策略，使"米粉"数量大增。

---

① 小米微博营销. 网络营销教学网站 [EB/OL]. [2017-10-23]. http://www.wm23.com/wiki/105972.htm.

由于微平台互动过于频繁，加上线上交流渠道越来越多，"米粉"们出现了与品牌交流的疲劳感。但小米在这方面是一个优秀的组织者。在2013年的亚洲足球冠军联赛总决赛后，小米电视发布"'庆恒大夺冠！转发送出5枚米3F码'的活动：在亚冠决赛第二场比赛中，广州恒大以1∶1平首尔FC，获得2013亚洲冠军联赛冠军！为庆祝恒大首夺冠军，11日前关注@小米电视，转发庆祝恒大夺冠，送出5枚小米3F码！"该微博顺应了广大中国球迷的意愿，获得了16,843次转发和2447条评论。①从活动的时机和效果看，这一微博内容抓住了大众关注国家足球运动的热情，使品牌不仅与社会热点话题关联了起来，也与公众注意力的价值取向相贴合。

小米公司经常组织公益活动，"如强大的线下同城会，小米官方每两周会根据后台分析哪个城市的米粉多少来决定在不同城市举办'同城会'，与米粉一起开展关爱老人与小孩、绿色环保等公益活动，并制作公益宣传片。另外，临近年关，小米会在官方微博上发起'橙色大巴免费送老乡回家'的公益活动，本着当日到达的原则，提供北京出发的1200公里以内20座热门城市线路供网友选择，最终将选出12条热门线路免费送老乡回家"②。这些公益活动虽然不以盈利为目的，但却向社会敞开了企业的窗口，展现了小米人的胸襟，展示了小米的品牌文化和精神，为产品销售的情感和诚信加了分，也为小米的品牌形象留下良好的口碑。

小米公司与微博运营商新浪公司合作，整合利用平台资源挖掘潜在的品牌消费者。在合作中，新浪微博提供了一些官方大号，如@微博客服、@微博Android客户端、@手机微博等助力小米的微博营销活动。同时小米还"充分利用了名人的市场号召力及其庞大的粉丝群，与名人微博进行联合营销。在小米微博营销的过程中，主力军除了小米自身的公司微博、员工微博之外，更有新浪微博平台一些粉丝众多的微博大号，如@冷笑话精选、@微博搞笑排行榜、@全球热门排行榜等，这些非小米公司内部的微博为小米带来了巨大的转发量和评论量"③。小米公司一方面通过新浪微博自身的影响力，一方面联合并利用微博大号背后庞大的粉丝团全面地深度挖掘潜在受众，从而为短期内迅速扩大品牌知名度打下了良好的市场基础。

---

①②③　小米微博营销. 网络营销教学网站 [EB/OL]. [2017-10-23]. http://www.wm23.com/wiki/105972.htm.

2. 小米在腾讯的微信营销

2012年8月17日，腾讯的微信公众号开放；2012年8月23日，微信公众号正式上线。这个时间，正值小米微博的粉丝们开始审美疲劳、互动乏力、活跃度下降、小米在微博上的负面回声渐渐走强。对于任何一个企业来说，微博营销的疲态期或早或晚都会出现，然而此时的小米恰逢腾讯微信公众号的崛起，不能不说这是小米作为互联网企业专注线上营销的又一次机遇：天时、地利、人和。

2016年，多家媒体同时刊载了关于小米微信公众号的一个商业"神话"："9∶1,000,000"，即小米"9∶100万"的粉丝管理模式。业界所描述的基本事实是："小米手机的微信账号后台客服人员有9名，这9名员工最大的工作是每天回复100万粉丝的留言。每天早上，当9名小米微信运营工作人员在电脑上翻开小米手机的微信账号后台，看到用户的留言，他们一天的工作也就开端了。"[①] 商家回复用户的网络留言，这是非常典型的沟通服务，现在却成为小米微信公众账号问世时的一个商业定位。尽管之后，伴随着微信公众号影响力的不断提升，小米还会使自己公众号的功能多元化，让其发挥更多的效能，但仅凭这一开端定位，就使小米又一次扩大了品牌影响和市场占有率。线上售卖分分钟离不开信息服务，小米微信运营人员对消费者留言与反馈的及时回复，可以让小米做到有的放矢、精准营销、激发互动、引导舆情，最后实现一对一的服务。这一顺其自然的商业运营形式和过程，效果远远胜于当下的各种硬广告和软广告。"相比之下，微信比微博更适合做客服平台。今年（2013年）春节前夕，黎万强（小米创始人之一）曾去广州拜访微信负责人张小龙，张小龙专门让微信团队开放一个客服API接口，随后小米利用这一接口开发出一套微信客服平台。"[②] 这使得小米的微信营销比微博营销更具有了服务的精准性。

与微博营销类似，小米公司与微信的运营商腾讯的深度合作也颇具战略性。小米公司充分利用了微信的快捷支付等更加便利的销售体系来实现其品效合一的目标："小米公司与微信于2013年11月22日对媒体宣布成为战略合作伙伴，届时小米将通过微信平台进行预购，并利用微信支付绑定银行账号实行在线付费。

---

① 微信营销的博客. 浅谈小米微信营销案例详解. 摘自新浪博客，2016-03-24.
② "小米社区"官方论坛. 小米发力微信营销. [EB/OL]. [2017-03-11]. http://bbs.xiaomi.cn/t-7156712-u50519283. 2013-03-25.

在小米微信中，小米及时地发布产品信息，用户可以随时随地预定小米手机。微信抢购攻略、订单查询、小米产品系列的介绍和预定功能，也给用户带来极大的便利。后台程序还支持微信售后网店信息的统计，减少了顾客关于线上购买而缺少实体保障的忧虑。有效地拉近了小米与粉丝的距离，增加了小米用户群的忠诚度。"[1]

"我们在微信上是为了活跃用户，而不是为了销售。"小米公司创始人之一黎万强曾经这样明确表示。如今，在微信上搜一搜"小米"的微信公众号，我们可以发现，小米旗下的几大核心业务：手机、MIUI、小米盒子、小米电视和小米路由器以及小米旗下的所有产品，如小米手机、小米电视、小米音箱、小米平板、红米手机、小米路由器等，都开设了微信公众号这一"客服"平台，而"小米公司""小米商城"这样的品牌性微信公众号，则以提供综合性的讯息服务与公司的 APP 们共同承担企业的微信经营。

针对微信，黎万强也算过一笔账：微信同样让小米的营销、CRM 成本开端降低，过去小米做活动通常会群发短信，100 万条短信发出去就是 4 万块钱的本钱。微信使小米的营销策略发生了一些更适合媒介作用的改变。人们能够看到一点：小米着力于售后服务，这是投入。此举虽然不能带来销售收入，却是打造品牌的有效途径。

业界曾有专家认为小米的微信营销案例太个性化，很难复制和推广，毕竟，小米的在线营销以及获得的"米粉"数量是其他企业难以企及的。的确，小米在微信平台上之所以起点高，是由于之前积累了上千万的微博粉丝，微信公众号的用户以及热度是由其微博粉丝转化而来的。但是，这一"跳"也是充满风险的，小米以其产品专业化的一对一"及时回复"接住了这些粉丝。仅这一点，就值得所有企业，包括文化服务类企业反思、学习。

三、小米的全社交平台营销传播策略

关于小米品牌是如何起家的，在业界几乎已有共识："小米的成功得益于互联网营销，在微博等火热的时代，雷军利用其名气为小米省下了不少广告费，获

---

[1] 谷润红. 小米手机的微信营销策略研究 [J]. 经营管理者 .2016.

得了庞大用户。小米也投入大量的人力到微博、论坛等领域。曾有消息称，如果细化计算，小米大概50%产品通过微博、论坛等社会化渠道转化为购买。"[1] 因此，我们阐述了小米如何运用微博与微信进行线上营销之后，还要跳出这两大微平台媒体，全维度地观察小米是如何利用互联网实现其线上营销战略的。除了小米的各个APP（因与其他APP有相似的效能，这里不再对APP另做分析），我们重点分析以下几个平台[2]。

1. 论坛平台：贴吧／论坛

小米的官方论坛一直是外界学习的榜样。截至2017年8月29日，小米的百度贴吧已经拥有5,046,165粉丝，留言帖已达68,400,652个（见图3-21）。进入它的贴吧，你可能会被它的活跃度震惊，几乎每分钟都有新帖，并且贴吧随时会组织互动活动，比如在2017年5月置顶的"拍拍英雄团"拍照片活动就获得了大量粉丝的参与和不少精品作品（见图3-22）。智能手机的普及不仅使"拍拍照"成了人们的日常行为，而且可以随时发生，在贴吧里组织这样的有奖福利活动，其响应度和结果当然是乐观的。

图3-21 小米公司的百度贴吧

---

[1] "小米社区"官方论坛．小米发力微信营销 [EB/OL]．[2017-03-11]．http://bbs.xiaomi.cn/t-7156712-u50519283．

[2] 以下主要内容和图片均摘自寻空．双微运营已死，社会化营销的下一个趋势：全社交平台营销 [EB/OL]．[2017-07-28]．http://www.sohu.com/167807549_480537．这里不再一一标注了，同时作者也有补充。

图 3-22　小米公司的百度官方贴吧页面

当然，贴吧里也有不少负面信息，这是所有贴吧都有的共性，不足为奇。贴吧的天然属性的确容易让"米黑"也聚集在一起，但这同样是了解小米舆情、有针对性地进行舆情引导的最好平台。在社交媒体时代，论坛并没有失去其地位，垂直类的论坛反而更能充分发挥其价值，发挥监控舆情、调动用户互动活动等作用。

2. 视频平台：优酷、B 站、秒拍等

近几年短视频营销火热，促使各企业品牌越来越重视视频营销。小米虽然在不少视频平台都做了营销，但不同平台的营销却有所差别。

总体来看，小米在优酷更多的是做信息发布会视频和产品视频，在秒拍更多的是与微博配合做短视频，比如小米 7 周年庆祝活动（见图 3-23）。

根据 B 站的性质，小米更多的是围绕二次元做视频内容，比如与二次元形象初音的合作视频（见图 3-24）。

图 3-23　小米官方秒拍账号页面　　图 3-24　小米官方在 B 站的页面

视频的最大目的是以更丰富的形式展现和传播品牌特性，发挥官方宣传、丰富内容的作用。

3. 窄众平台：知乎、网易云音乐

小米在知乎上有"小米电视"等账号，回答与电视相关的一些问题，而雷军在这个平台上更有分量。作为企业的领导者，他亲自回答用户对于小米的一些疑问甚至质疑，获得了非常好的公关和传播效果。

比如面对"雷军说小米手机成本价卖给消费者，正在考虑收会员费、服务费。请问这样做合理吗？用户会不会买账？"这个问题，雷军清晰详细地做了解答，这要比一众粉丝片面的分析好得多（见图 3-25）。

雷军被誉为互联网思维的典型代表，在网易云音乐上，雷军作为歌手在平台上拥有自己的歌曲和粉丝，虽然歌曲是戏谑的"Are you OK？"但他依然获得了大量的关注和评论，粉丝们觉得这位企业领导人有趣、接地气（见图 3-26），这无疑对提升粉丝的品牌好感度有所帮助。

案例三：基于全社交平台的整合营销传播 | 105

图 3-25　雷军的知乎页面与小米电视机构账号页面

图 3-26　雷军在网易云音乐上备受热捧的页面

知乎、网易云音乐这样的平台是相对窄众的平台，因此它们的营销策略也和微博与微信有所不同，其目的是建立专业形象、吸引窄众人群。

4. 新闻类 APP 的翘楚：今日头条

作为一个销量靠各个阶层贡献的品牌，小米的营销传播也遍及今日头条这一迄今为止使用量较高、独立的新闻 APP。由于小米问世时其线上品牌定位带有与生俱来的黏性，因而网民的关注度一直较高。因此，小米的各个头条号内容在今日头条总能获得较大的阅读量和互动量。

如果你使用今日头条 APP，你会发现一连串小米的头条号，从品牌到产品，如"小米公司""小米商城""小米电视""小米 MIUI"等（见图 3-27、图 3-28）：

图 3-27　小米公司和小米商城头条号的手机截屏

图 3-28　小米电视和小米 MIUI 头条号的手机截屏

从图 3-27、图 3-28 可见，这些头条号的粉丝都在"万"级以上，其中"小米公司"头条号的粉丝已达 24 万，这在一个独立的新闻 APP 上是很难做到的。这充分体现了小米品牌的市场影响力。小米的各款手机都有各自的头条号和不低的粉丝数，查阅后面的留言，可以发现多是产品反馈或客服等互动内容。

小米做的是大众消费品，因此它们选择在涵盖各个细分人群的社交媒体平台上进行营销，以实现面向"大众"的官方传播，达到销售转化的目的。

5. 个性化媒体平台：QQ 空间

比起微信和手机 APP 等近年来快速发展的媒体平台，QQ 空间诞生得最早，它作为腾讯公司的重量级产品，于 2005 年就开始交付用户使用，是一个可供人们利用各种传播符号展示个人或企业（或品牌）的个性空间。现在，如果打开 QQ 空间，关注小米官方账号，你会发现这里并不寂寞，没有长起"荒草"，反而活跃度很高，一条动态获得的阅读量可以达到百万次，点赞也达到上万次（见图 3-29）。

图 3-29　小米公司在 QQ 空间的页面截图

可见，以技术背景为主体的小米品牌领军人物团队的"互联网营销思维"是小米手机线上营销与品牌传播首战告捷的关键。然后，小米以多媒体平台营销的线上销售让品牌胜出，以高配置低价位的高性价比产品立足于市场，这标志着小米产品已经由微博与微信的"双微"营销转向了全媒体社交平台营销。依靠线上媒体的整合策划与有效执行打造品牌，这就是小米的崛起之路。

> **关键词与要义**
> ☆ 线上营销：饥饿营销、客服营销、全员营销、粉丝营销
> ☆ 互联网思维：小米军团、微博矩阵、有奖转发、微信客服

第四讲

广告策划与整合传播中的内容营销

这一讲的核心是：在"两微一端"的数字网络社交媒体环境和语境下，如何更加低成本、高效能地利用先进媒介技术进行"内容营销"。

在此要阐释一个理念：内容营销不是一般意义上的"内容"，而是有足够吸引力、能使用户主动关注并引发注意和兴趣从而产生有感体验的内容。它是一种特定的、"去广告化"（这里指的是硬广告）的、为了达到营销传播目的而有意识地创制的蕴含品牌正能量的营销活动。

内容营销的前身实际源于"原生广告"。"'原生广告'曾是2013年广告界的关键词，但原生广告到底是什么，至今也没有一个统一说法。维基百科认为，它是一种在线广告的形式，广告商以在上下文中提供用户体验的方式，来获得更多关注。"[①] 内容营销注重的是产品的内涵式发展与媒介受众需求内容的匹配。虽然它也有定位，但要根据不同的人定不同的位。

---

① 成珞.《纽约时报》网改版原生广告能否救传统媒体？[EB/OL]. [2018-01-08].http://blog.sina.com.cn/mediainsight.

一、数媒时代对营销传播的挑战

1. 数媒时代意味着什么

"数媒时代",指在现代数字技术环境下,传播媒介进入的以数字化、网络化、移动化、屏端化、平台化、社交化、互动化以及多终端等具有多元特征的新时代之简称,其意义广泛、现实和深刻。这意味着:

- 人人媒体时代到来;
- 自媒体自制内容的传播更加方便与快捷;
- 低成本的信息内容传播能使人人成为记者、家家企业成为广告主;
- 网络化的高效传播使"内容为王"成为人人可以实现的常态;
- 移动即时性内容分享与反馈可以全天候实现;
- 互动与社交化的信息内容流通可以发生在任何一个智能终端;
- 无限长尾的传播效应可能发生在所有内容上。

2. 广告营销传播能"去广告化"吗

传媒技术驱动下的商业传播不断演绎出新的广告形态。现代"大广告"意义上的营销传播,除了依旧包括传统的广告形态外,也早已指向传统广告形式之外、以商业信息或讯息传递为目的的一切营销传播内容。

2016年7月8日,为了加强对互联网广告的规范管理,国家工商行政管理总局发布了《互联网广告管理暂行办法》,自2016年9月1日起施行。其中不仅明确了互联网广告的定义——"互联网广告,是指通过网站、网页、互联网应用程序等互联网媒介,以文字、图片、音频、视频或者其他形式,直接或者间接地推销商品或者服务的商业广告",而且明确具体地界定了互联网广告的五种日常形态:

- 推销商品或者服务的含有链接的文字、图片或者视频等形式的广告;
- 推销商品或者服务的电子邮件广告;
- 推销商品或者服务的付费搜索广告;

- 推销商品或者服务的商业性展示中的广告；
- 其他通过互联网媒介推销商品或者服务的商业广告。

请注意，《互联网广告管理暂行办法》把"其他通过互联网媒介推销商品或者服务的商业广告"都归入了"互联网广告"之列。故此，我们必须将互联网环境下各种类型或形式的商业广告，只要是为推广产品或品牌而发布的讯息内容，都称为广告。与以往不同的是，这里的广告是包含了传统广告形式在内的、被统称为营销传播的"大广告"或"新时代广告"。

从传统媒体到数字媒体，广告媒介形态的进化和发展必然带来广告形态的变化和升级。按照马克思主义辩证法的基本原理，"变"与"不变"既对立又统一，在绝对的"变"中一定包含着"不变"的相对成分，这是一个否定之否定的螺旋式上升过程。如果用广告术语表达，这些就是"去广告化"。广告产业如何"去广告化"地发展，今天更需要我们去深刻洞察"去广告化"的利与弊。

针对商业传播作为市场经济体制下这一客观规律，"去广告化"的利在于：

第一，它可以使广告产业避免被媒介受众抛弃的命运。长久以来，一些不良甚至低俗的广告创意饱受社会诟病，传统广告的"原罪"（与生俱来的功利性）已经使媒介受众对广告躲闪不及进而逃避，如见到广告就转换频道、关掉按钮甚至刷屏去广告等，曾经"被浪费了一半的广告费"在传统媒介那里比例早已不止一半了。"去广告化"，即去掉许多"硬广告"形式，以更多形式的内容营销直接满足受众对信息内容的需求，以留住受众，聚合并黏住更多的受众。

第二，"去广告化"能够回归商业讯息传播的本质，满足人们对真实信息的需求。不实或虚假讯息对媒介受众、消费者或用户而言不具有任何正能量，甚至会给他们带来伤害。而"去广告化"则可以使人们远离那些夸张甚至夸大的广告套路或招数，直接让广大社会公众受益。

优质的内容传播不仅能够净化传媒语境，也能使广告主的品牌文化得到更多正能量的渲染和打造，从而使其更容易得到广大社会公众的认同，进而提高产品品牌或企业品牌的社会效益和经济效益。

那么，"去广告化"能够实现吗？这要看广告是如何界定的。我们首先要明确广告的具体指向。在内容营销时代，一般"去广告化"中的广告是针对传统广告而言的。在数字媒体技术环境下，传统广告就单件作品而言或许会长期存在，例如让某一户外静态的广告作品长久矗立在那里。但是，如果没有媒介融合型的广告内容传播与互动，没有多屏端的共振，我们很难想象传统广告作品的传播效果。所以，单一传统广告的传播效果实则已经名存实亡，"去广告化"正在成为现实，取而代之的正是内容营销。

当然，"去广告化"是一个广告学与术的专业化和依赖技术机理发挥作用的过程，其中也存在着"弊"：

第一，"去广告化"容易导致商业广告的内容无法令人一目了然、即刻识别，使品牌营销传播讯息的模糊性剧增，媒介受众的识别力受到挑战。受众在内容的阅读性与悦读性中有可能忽视品牌内容，使广告主的营销传播目的难以达成。

第二，"去广告化"容易导致媒介受众沉浸在有趣的媒介内容之中，一旦发现所有这些有趣的东西最后都归因到某产品或品牌的商业传播目的而恍然大悟，便可能产生受骗的感觉。可见，内容营销也是一把"双刃剑"。

然而机缘机变，机在其中，在广告形态的"变"与"不变"之间，"去广告化"去的是广告的具象形态和传统套路，这是绝对的"变"；"去广告化"中永远也去不掉的是针对受众需求的内容营销实质和品牌传播，这是相对的"不变"。

二、内容营销内涵辨析

1. 广义的内容营销

关于内容营销（Content Marketing），截至2017年年底，在知识服务平台知乎上至少有980位网友关注了这一专题，还有多人基于自己的研究和实践发表了观点。知乎上一位用户曾给出这样的定义："内容营销大概就是用视频、图片、文字这些内容做营销。"但是，正如另一位知乎用户所回答的："如果我们把文字、视频、语音、图片等等一切信息载体都叫做内容，而把运用这种信息载体的营销就叫做内容营销，那我们的讨论实际上就没有任何意义了。按他们这样想，平面广告、电视广告、网络广告，或是做个微博微信、发篇新闻稿、做个H5甚至单曲……都可以说成是内容营销，这根本是胡扯！"[①]

---

① 知乎用户李怡在"什么是内容营销"专栏下的解答［EB/OL］.［2017-04-12］. http://www.zhihu.com/question/25949.

窥一斑而见全豹，关于内容营销的含义，由于其两个关键词"内容"和"营销"的日常化和普遍化，各个领域的人们对其的解读自然也见仁见智。在大视域下，以上对内容营销的解读也未必不能成立。在这里，我们将建立在一般内容意义上的营销称为广义的内容营销，即泛内容营销。很明显，这不是我们广告策划的研究对象。

2. 狭义或专业性的内容营销

内容营销即以原生信息内容——特指那些以非创意性和符号化或未经特殊技术和艺术加工的信息或讯息本身吸引用户，因此形成信息的扩散性和人气聚合性效果，进而产生类似于商业广告传播效果的营销传播活动。2017年10月8日，艺人鹿晗在其新浪微博上发布了一条信息："大家好，给大家介绍一下，这是我女朋友@关晓彤。"（见图4-1）这就是一个非常典型的内容营销案例。

图 4-1 鹿晗 2017 年 10 月 8 日发布的新浪微博截图

据"环球网旅游"网和多家媒体报道，该信息"短短的两个半小时里，就已经有44万的转发、89万的评价、239万的点赞"，还有多家媒体披露微博已经瘫痪数十分钟等。"今天12：00来自vivoX20全面屏手机"。这条信息本身通俗直白，但文字上方的一行小字却赢得了连那些官微大号也难以企及的曝光量，短时间内便收获了几十万级以上的转发和评论量以及上百万的点赞数。这从一个侧面再一次印证了"内容为王"的传播铁律。这是一个非常典型的依靠场景媒体的内容营销案例。随后，以鹿晗为代言人的vivoX20手机电视广告又在几家卫视台强势插播了一轮，第一句话就是"鹿晗是谁？"从电视广告的迅速跟进、借势而上，我们看到了内容营销的本质和广告属性。从内容营销到硬广告，vivo品牌顺势而为，很快霸屏。

内容营销的本质是什么？这里我们非常同意知乎上某位用户的观点："内容营销本质上是指导（人们）如何做营销的一种思维方式。它是一种战略指导思想——内容营销要求企业能生产和利用内外部价值内容,吸引特定受众主动关注。重中之重,是特定人群的主动关注。也就是说你的内容能否自带吸引力,让消费者来找你,而不是运用纯媒介曝光。"① 总而言之,内容营销的本质就是以内容为主导的传播,是依靠低成本的自制内容吸引特定人群主动关注的品牌营销策略。这种做法既可以省下投放硬广告的高昂媒体刊播费用,也可以使品牌传播内容可以控制、及时更新和得到反馈。

3. 内容营销的特征

内容营销具有三大特征:

第一,内容营销以自媒体或社交媒体平台为语境。自媒体是营销传播的需求者设立在"两微一端"的官方账号,只有在这些自媒体的平台上,账号主体才能够根据自己的需要,自选主题、自选时间、自选方式推送自选的内容。为此,商家们纷纷注册、登录现有的这些自媒体平台,如新浪微博、微信或各种"头条""大号"等微平台。如《锻造与冲压》期刊便在短短的几个月内,在"两微一端"和各个"头条"和"大号"上相继注册和开设了自己的账号,有专人负责推送微文、及时更新、回复用户反馈等,目的就是从多个入口铺位,传播企业产品品牌的内容,聚合产品品牌的特定受众或用户。

第二,内容营销以原生信息为主导内容。尽管内容营销也通过文字、图片、视频、图标甚至更复杂的现代表达符号展示信息,但是这些都应该是"原生"的,这样才能追求"去广告化"。与传统硬广告形式几乎相反,严格意义上的内容营销应该是信息的原貌,不应该出现创意性表达或包装性符号。内容营销不追求讯息发布以后短期的转化行为,而是更加客观地展现产品信息,更加理性地显示品牌自身的品性,以期产生可能的长尾效应。

第三,内容营销以内容为本体。内容营销发生在自媒体上,以内容为本体,而不是借助主流媒体或某一方面的"头部"媒体,其营销传播的效果全在于内容本身而非传媒平台的价值和影响力。内容营销里的内容极为丰富,在此只介绍我们认为最基本的两类:

A类内容:一般指传播媒体(如微博账户、微信公众号等自媒体)自身生产

---

① 知乎用户李怡在"什么是内容营销"专栏下的解答[EB/OL].[2017-04-12]. http://www.zhihu.com/question/25949.

的媒介内容。这类内容的原生性较强，如出版社的图书内容、期刊内容或数字出版物上的内容等，多以文字语言符号为主。A类内容在做营销时需要挖掘媒介内容自身的思想性、人文性和民生性，注重时效性并与用户的需求紧密连接，依靠启发或共鸣等聚合目标用户，包括公共关系诉求文案、品牌故事等。A类内容一般采取具有诉求意义的叙事结构，但在内容上有思想力，有感召力，能引发共鸣，进而触动和吸引用户。如2016年4月，一个平时无声无息的微信公众号"播音主持艺术网"，因一篇放在第七条推送的文章而一炮走红（见图4-2）。这本是一篇内容平平的招聘文章，却引得网友们争相转发，几日内阅读量便达到了22万+。之所以有如此高的阅读量和转发量，不在于招聘文章有多么标新立异，而在于文章的粉丝评论太出人意料：在校生、实习生、毕业生走向社会遇到很多问题，粉丝们真实留言，句句指向某些电视台用人之"厚道"行为，如以转正为名"榨干"实习生的心血、"压低工资""美言相劝"等。

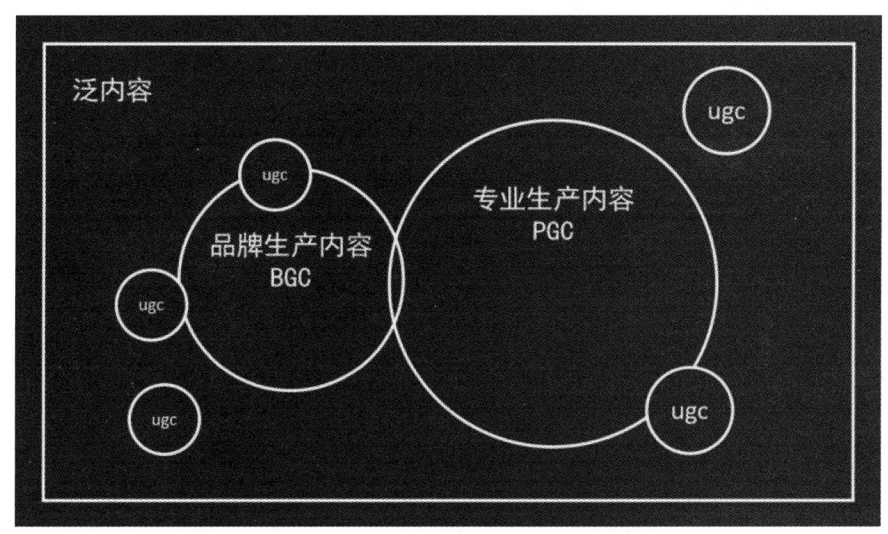

图4-2 微信公众号"播音与主持艺术网"的手机截屏

B类内容：多指传播媒体在自媒体上为赢得更多的用户或粉丝而特意创作和发布的娱乐性较强的内容。这类内容创作性较强，如网络流行语的传播与演绎、娱乐性段子、笑话、黑色幽默等，有的与商业品牌毫无关联，只是为了"赚取"眼球，以达到讯息发布者"吸粉"的目的；有的与商业品牌有密切的关联，往往是在一定的场景下借势营销、娱乐营销，多具有短期传播目标，以期直接引发相关群体的围观，达到情趣互动、激情加粉、直接植入品牌等目的。如 2018 年 3 月 17 日上午，北京下了 2017—2018 年的第一场雪，随后在微信朋友圈立刻有了："北京终于下雪了。下了点碎雪，朋友圈都乱了，嘴馋的要吃火锅，炫富的要穿貂，臭美的要拍照，矫情的要写诗，单身的要找人散步，浪漫的要堆雪人，闲不住的要打雪仗，秀恩爱的要一起白了头……雪是好雪，人不正常了！像我这样正常的人只好给大家普及一下雪花的科学知识。雪花主要分三种，一种是勇闯天涯，一种是纯生，还有一种是干啤。"① 每一句话都不离现象级的"下雪"，却关联出一系列商业品牌：雪花、纯生、干啤等。借实实在在的内容演绎出写意般的场景，最后关联到品牌，内容营销的相关性甚强。

三、从原生广告到内容营销的演变

1. 曾经如火如荼的原生广告哪儿去了

我们今天所谈的内容营销，其实早在 2011 年就有人涉足了，而且提出了一个非常明确的术语——原生广告。这个概念是由美国著名投资人弗雷德·威尔森最先提出的，但在后来不断发展的过程中并没有形成更加精确的定义。在中国，当 2016 年 7 月 8 日国家工商行政管理总局发布《互联网广告管理暂行办法》之后，"原生广告"这个概念恐怕再也难以出现在人们的视野里了。因为从 2016 年 9 月 1 日起开始实施的《互联网广告管理暂行办法》明确规定：互联网广告除了包括容易识别的四种广告形式外，还包括了其他通过互联网媒介推销商品或者服务的商业广告。该管理办法的第七条则明确规定："互联网广告应当具有可识别性，显著标明'广告'，使消费者能够辨明其为广告。"由此可见，我国的广告管理在制度上是对原生广告"零容忍"的，所有广告都必须明言告知、"标明广告"，以便媒介受众一目了然。这样，所谓的"原生"就难以独立存在了。

但在当初，在弗雷德·威尔森看来，原生广告不是一种广告形式，而是一种营销理念。他指出："原生广告是一种从网站和 APP 用户体验出发的赢利模式，由广告内容所驱动，并整合了网站和 APP 本身的可视化设计。简单来说，就是融合了网站、APP 本身的广告，这种广告会成为网站、APP 内容的一部分，如谷

---

① 微信群"中国广告学会学术委员会"中群友刘哲的上传内容，2018-03-17。

歌搜索广告、脸书的'品牌赞助'广告以及推特的推文式广告都属于这一范畴。"[①] 也就是说，作为一种营销理念，原生广告是让广告成为网站、APP 内容的一部分，即让广告讯息渗透到内容里，或者说从内容上深度植入网站、APP 中，使其成为网站或 APP 内容的一部分，这正是"内容营销"的理论依据和实践方式。从一定意义上讲，内容营销与原生广告是一脉相承的，但内容营销比原生广告更适合当今我国的广告管理制度，它比原生广告更能实现"去广告化"的现代营销理念。

2. 内容营销的优势与劣势

数字媒体时代的内容营销，与传统大众媒体时代的大众营销可谓泾渭分明。

美国西北大学教授唐·舒尔茨在整合营销传播理论中揭示过一个核心思想：现代的营销传播正在从"消费者请注意"转向"请注意消费者"。这一进程历时性地融合在传媒科技进化和技术驱动下的传播语境里：由大众媒体时代的单向度、中心化的品牌宣传转向数字媒体环境下的双向或多元化沟通，转向"去中心化"的多终端沉浸式的品牌传播。数字媒介技术下的社交平台，尤其是移动互联网的普及化，促使社会大众几乎整体性地跨入了一个新媒介消费的时代，这为内容营销提供了充分的物质条件和人文环境。与此同时，移动社交平台自身的媒介属性则形成了内容营销的传播优势与劣势。

（1）内容营销的优势

- 依靠特定内容的吸引力引发用户主动接触和接受讯息，提高品牌的触达率；
- 依靠特定媒体平台发布相关内容吸引用户，提高品牌触达对象的精准度；
- 依靠特定媒体平台的用户特征（画像）创制内容，提高传播的针对和可控性；
- 依靠"去广告化"的营销传播方式，提高人们的好感度、关注度和接受度；
- 依靠自媒体平台发布品牌或企业内容可以降低传播成本，提高投资回报率；
- 依靠比传统广告更加真实的品牌讯息内容可以迎合用户对讯息的需求，更容易带来流量，提高转化率，实现品效合一。

（2）内容营销的劣势

- 内容与品牌之间的关系难以把握，容易出现打政策"擦边球"的现象；
- 内容与品牌的"卖点"不易被用户识别并准确把握，易跑题；

---

① 殷鹏. 原生广告：有看头不扰民 [EB/OL].（2015-03-24）[2017-05-23]. http://www.chinarwcb.com/2015-03/24/cohtent-313784.htm.

- 内容营销与营销传播，即大广告的关系，至今仍在广告管理政策的"模糊区"内，其原则性的切分界限需要业界的不断尝试和学界的分析研究。

3. 内容营销的分类

内容营销中的"内容"，范畴广泛，可以说有多少种内容，就可能有多少种内容营销的分类，如情感式内容营销、事件式内容营销、跨界式内容营销等。它们虽已在业界被经常使用，但也是在不同标准下的分类方法。由于对内容营销进行分类的维度很多，这里我们立足于传播主体视角，仅仅对内容营销作一种基本意义上的分类。

（1）BGC

BGC 即企业产品品牌原生内容的实体展示。对于广告主而言，内容营销意味着企业可以充分利用自媒体平台，以较低的成本展示自己的产品或品牌的优势资源，其宗旨应该是"产品内涵、品牌归真"，是充分运用企业及产品的内容元素涵化品牌的一个过程。知乎用户将之称为："BGC，即品牌生产内容，以 in-house 团队为核心，为受众提供产品/品牌/品类相关的信息，目的是让品牌成为消费者心目中的权威专家。"[①]BGC 的核心价值在于以真材实料的、高品质的产品品牌元素赢得用户信任和品牌信誉。

（2）PGC

PGC 即非常专业地从事品牌的故事创作。对于专业广告公司而言，内容营销意味着针对被企业委托的品牌进行专业化的形象打造，即专业化地生产品牌文化内容。这便使得品牌可以借助专业代理公司以及外部社会的一些创意元素去丰富自己的个性，在产品技术有可能同质化的环境下塑造出差异化的品牌特色。

（3）UGC

UGC 即品牌的用户生产内容。对于内容营销媒体平台上的用户或品牌粉丝而言，每当他们看到自己关心的内容，他们便可能及时回应或有感而发，正如网易云音乐用户的即兴发挥。品牌由此便可以赢得原生态的口碑传播。

---

① 知乎用户李怡在"什么是内容营销"专栏下的解答［EB/OL］.［2017-04-12］. http://www.zhihu.com/question/25949.

以上对内容营销的三种划分，是基于传播主体视角而言的，其传播说服力的排序应该是：UGC ≥ BGC ≥ PGC。具体到选用哪个类型，在品牌的不同成长阶段应该有所侧重：新产品品牌首先要做好企业自身的BGC；成长期需要PGC的专业力量去强化个性；成熟期则需要依靠用户的UGC去维护品牌信誉、扩大市场，以防衰退。

四、关于内容营销的广告策划

内容营销是数字媒体时代企业推广品牌的有效传播形式，这已被当代业界无数的品牌案例所证实。如何使这类"内容"自带流量，这是广告策划的核心。换句话说，企业关于产品品牌的原生讯息要如何表达才会吸引受众？与企业品牌相关的外部信息要如何通过有效的创作才能成为自带流量的"内容"、黏住品牌用户？这里，为了避免套路、远离招式、不断创新，我们立足于世界观和方法论的视角，重识传播学、营销学、心理学、广告学等学科的一般规律，以当代媒介素养为底线，对比传统广告范式，找出有别于传统媒体时代的内容和营销的差异性价值。

1. 内容营销与广告策划

广告主和品牌策划者要做内容营销，首先就要遵循当代媒介传播的基本规律——"内容为王"这个至今依然在传媒领域难以撼动的"铁律"。从一定意义上讲，在数字化媒体环境下催生出的内容营销这一广告产业新业态，正是"遵循内容"为王这一传播"铁律"的结果。

广告策划的第一理念应该是内容，而数字媒体时代内容营销中的内容与传统媒体领域"内容为王"中的内容有所不同：前者的内容，范畴更加广阔，内涵更加丰富，不仅包括主导传统媒体传播的文字、图片、视频符号内容，还包括与品牌相互关联的一切"场景"、各种活动以及互动。

2017年4月25日，链家官网上出现了如下信息（见图4-3）：

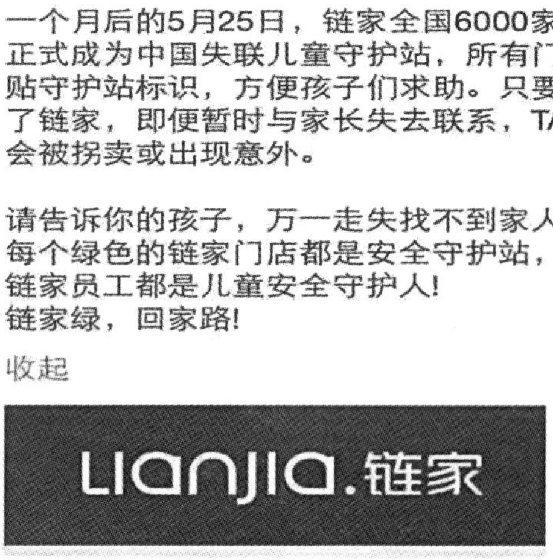

图 4-3 链家官网截图

这是链家将要开展的一项活动内容:"链家全国 6000 家门店将正式成为中国失联儿童守护站,所有门店将张贴守护站标识,方便孩子们求助。只要孩子进了链家,即便暂时与家长失去联系,TA 也不会被拐卖或出现意外。请告诉您的孩子,万一走失找不到家人,街头每个绿色的链家门店都是安全守护站,十多万链家员工都是儿童安全守护人!"这段内容除了最后一句"十多万链家员工都是儿童安全守护人"带有传统广告语的风格外,其余都是直白地描述活动的真实内容。显而易见,这项活动的策划者深谙链家企业和这个品牌的商业服务性质与核心价值,并从中找出了关系到当前中国社会性问题的一个话题——失联儿童,然后凭借品牌的内部资源,向社会提供了一个切实可行的问题解决方案,赋予商业服务要素中的房子以家—归宿—大爱等品牌文化价值和意义,同时彰显企业的社会责任感。链家利用自身的产品属性——房产经营,借能与此发生关联的社会公共关系去营造一种公共关系属性,从而开展自己的内容营销。这样的内容最容易引发整个社会大众的关注、接受和赞赏,其中的相关性也使人们容易记住品牌。

优质的内容策划首先需要策划者和传播者的境界与格局,企业的命运与国家的产业政策息息相关,品牌价值关系到品牌用户的直接利害。因此,内容营销更需要广告策划者和品牌传播者拿出独家的、创新的、优质的内容,而且这些内容还必须与品牌紧密相关。

2. 内容营销与广告文案

广义的营销传播文案，即广告文案，指广告作品中的文字部分。广告文案不是一般文字，是在洞察用户心理和物质需求基础上有所指向的品牌诉求。

曾经有人在朋友圈里发了一个帖子："昨天，科技圈和娱乐圈记者都去了一个会……"这句看似简单的叙述却并不简单，暗藏着十面埋伏：将"科技圈"与"娱乐圈"聚到了一起，这个超乎人们日常思维定式的会到底是一个什么会？貌似直白的叙述却暗藏玄机，能赚到群友们的眼球，吸引群友们继续深读内文。这就是一个非常典型的内容营销式广告文案。

在数字社交媒体平台日益普及的今天，品牌在社交平台上的表现必须越来越不违和地接近媒体本身的属性，即越来越人格化。目前，众多品牌企业能够依托大数据和应用分析，为文案提供更加"扎心"的内容。如滴滴在 2016 年就有一组脑洞大开的 GIF 海报，其标题分别为"喝最烈的酒回最温暖的家""拒绝水逆""最好的套路"等，这些也是在内容营销战略意识下创作的典型的广告主题与广告文案。

每年，网络上一波又一波的流行语此起彼伏，段子手们在社交媒体平台上大显身手，这些都是流行最快、传播效果最好的"内容"。这里，我们提倡专业广告策划人和广告文案们要有段子手的创作功底，有赢得粉丝的人格魅力，有洞察世间冷暖、融化人心的文字符号创作能力，这样才能在传播过度的网络环境下让自己的文案内容脱颖而出。今天的文案们一定是喜欢写字的人，是喜欢将文字文案化、符号化的人，是具有国学功底的人，是能写出有趣、幽默商业文句的人，是会讲故事的人。

3. 内容营销与广告创意

虽然内容营销的战略思路在于"去广告化"，但是，作为数字媒体环境下广告产业的一种新形态，内容营销的传播目的和营销本质仍然应归为"大广告"之列，即营销传播的范畴。分析一些成功的内容营销案例，我们可以发现其在内容的符号表达上都或多或少地蕴藏着传统广告的原创性、相关性和震撼性等带有广告原味的创意法则。

为什么业界会发出"星巴克，一家很有心机的内容营销公司"[①]的声音？我们也看到了这样的微信推文："为什么有人喜欢在星巴克办公？而且一呆就是一下午？"[②]的确，这些年来我们很少在电视、广播等大众主流媒体上看到星巴克的硬广告，然而广告业界的人们非常清楚：星巴克这个自从进入中国市场就很少做硬广告的品牌，其公共关系以及内容营销一直做得风生水起。即使是新产品，星巴克也依旧可以凭借其内容营销的深厚功力收到较为理想的品牌推广效果。例如 2017 年初夏，星巴克一改"咖啡王"的老面孔，推出了瓶装的红茶星冰乐和抹茶星冰乐奶茶新品。这一次它们依旧没有在主流媒体上投放硬广告，而是通过微信社交平台，静悄悄地将信息通过若干个公众号和朋友圈转发出去。据统计，2017 年"5 月 24 日到 6 月 8 日，在微信端一共有 10 多个大号参与了星巴克新品的推广。它们都来自不同的领域，有广告界的、摄影界的和时尚界的等"[③]。这些大号凭借专业的内容策划与创作，从不同的角度对星巴克新品进行了内容营销，如：出自微信公众号"月之海"的"一款能让你体验英式贵族气息的饮品"，微信推文标题为《避暑｜想举办一场英式茶会？少了它可真不高贵》；出自微信公众号"灵魂有香气的女子"的"一款能让你体验生活美学的饮品"，微信推文标题为《为什么"吃货"反而有把生活过得更好的能力？》；出自微信公众号"广告门"的"一款注重研发的、本土化的高端茶饮料"，微信推文标题为《星巴克又出奇招，要横扫整个夏天的节奏！》；出自微信公众号"爱范儿"的"一款能让自拍更有范儿的饮料"，微信推文标题为《星巴克没把"独角兽"带入中国，却送来另一"自拍神器"》。乍一看这些标题，它们与星巴克奶茶新品风马牛不相及，但其主题内容的生活气息却吸引了公众号下的相关人群，将原本只是用来喝的奶茶饮料产品（见图 4-4）先演绎成具有某种吸引力的"东东"，然后再引人入胜地将读者带入品牌的文化境界。这，就是内容营销的玄妙魅力。星巴克将内容营销发挥得淋漓尽致，既降低了广告传播的成本，也使品牌内容产生了较好的传播作用，而其中的品牌文化故事创作正是"大广告"营销传播之创意所在。

---

①③ 小云子. 星巴克，一家很有心机的内容营销公司 [EB/OL]. [2017-07-19]. http://www.chinaz.com/manage/2017/0719/792253.shtml.
② 万德乾. 为什么有人喜欢在星巴克办公？而且一呆就是一下午？[EB/OL]. [2018-03-10]. http://baijiahao.baidu.com/s?id=1

图 4-4　2017 年夏星巴克推出的两款新品奶茶：红茶星冰乐和抹茶星冰乐

其实，深度品味星巴克的品牌文化，我们更容易联想到"场景"一词。"场景"，原来只是用于描述戏剧或影视剧拍摄场面的一个专属概念，但在当代数字媒体环境下，其范畴却得到了越来越广泛的开发和运用。今天的"场景"在传媒与营销领域可以理解为：在特定的时间和特定的场所或空间，一些特定的人以及他们特定的活动内容所构成的画面。毋庸置疑，场景即媒介，它既是物理性的信息场所，也是符号化的传播平台。星巴克的物理空间实现了"在一个公共的地方，搭建一个有私人感的领地，做着相对私人的事情"的空间价值。在"陌生的公共场合，做着私人又不绝对私密的事情，是人性使然"①，这样的描述既贴合人性本真，又追随时尚潮流，从而使星巴克品牌带有浓浓的文化气息。

当然，谈到场景营销，人们不会忘记，这一术语实际上是伴随着互联网电商的崛起，尤其是移动互联网经济迅速发展以后，才逐渐引起人们注意的。场景营销的初期意义是如何使网民在网络（主要分输入场景、搜索场景和浏览场景）上的三类语境变得更加容易转化，即引导网民的购买行为，以实现品效合一。但是很快，这一概念便在实体销售环境中得到了广泛运用。无论是在网络虚拟空间还是在现实的营销传播环境，内容营销中的所有场景元素都是可以创意的，因而场景营销也可以出现在任何一个传播环节的任何一个媒介场景中。将品牌内容散播

---

① 万德乾.为什么有人喜欢在星巴克办公？而且一呆就是一下午？[EB/OL].[2018-03-10]. http://baijiahao.baidu.com/s?id=1

在一定的情景、语境或社群等社交平台上,既可以使其长期流转于互联网这一超媒体上,又可以使其渗入个人的场景感受中,使宏观造势与微观感动、品牌与内容彼此交织,进而使内容营销进一步有形化、可视化和可体验化。

综上,立足于内容营销的广告创意并非是符号意义和现象层面的"形而上"的广告创意,而是为了充分挖掘人的内心需求和满足人性深度体验而进行的关于品牌文化故事的创作或场景元素的创制,因而它与传统广告创意的内容有所不同。内容营销中的创意多属"形而下"的东西,指向能够触达广大用户身心的感性体验,更能实现建立或改变大众的品牌认知、进而有效转化的营销传播目的。内容营销的策划者和传播者不是技术或艺术的表现者或表达者,而是用户心理需求的观察者、记录者和思考者。

要点小结

- ◎ 数字媒体时代意味着低成本的自媒体营销传播,企业品牌的自媒体营销传播可以掌握和控制在企业自己的媒介平台上,企业不仅可以低成本地随时更新传播内容,还可以充分展示和传播产品的要素内容、品牌价值内容和企业文化内容。
- ◎ 2016年9月1日起实施的《互联网广告管理暂行办法》已将互联网上的一切营销信息都归为"大广告"的范畴,这使传统的广告概念得到了无限扩容,使内容营销广告化。
- ◎ "去广告化"中的"广告"指的是传统广告,内容营销就是摒弃硬广告的形式,采用消费者或用户更容易接受的商业讯息传播方式。
- ◎ 内容营销的本质是以内容为主导去吸引用户,进而实现传播目标,是以企业自制内容的低成本传播吸引特定用户主动关注的一种策略。"内容"自带流量。
- ◎ 内容营销是对原生广告的扬弃,做内容营销的企业和品牌必须以产品和品牌建设内涵为先导,用优质过硬的产品特色和品牌形象去开拓广阔的品牌文化创作空间和发展空间。

◎ 内容营销得以流行的原因是"内容为王"这一传播"铁律"在起作用。针对内容营销的广告策划要远离"套路"、避免"招式"，去挖掘用户多姿多彩又千变万化的心理需求以及场景营销等特定空间下的品牌文化创作价值。

◎ 技术是中性的，科技驱动下的传媒环境使拥有内容资源的经济实体或广告主具有得天独厚的传播强势，他们可以充分利用大数据等现代科技工具创作自带流量的内容。

◎ 内容营销的策划者和传播者不是技术或艺术的表现者或表达者，而是用户心理需求的观察者、记录者和思考者。

案例四：数媒时代的内容营销策划

——从农夫山泉看广告策划中的内容营销

"农夫山泉"，一个听起来有点"土气"的名字，近年来却时常出现在各种会议桌上。不仅如此，2017年农夫山泉还堂而皇之地植入了北京电视台每天清晨的《北京您早》栏目里，7:00—8:00，足足一个小时展示自己的品牌形象。这个案例揭示出"内容营销"里的"内容"在产品里的原生态和在品牌里的原生性。根据中华人民共和国国家卫生和计划生育委员会发布、2015年开始实施的《食品安全国家标准包装饮用水》规定，目前市场瓶装水分为三类：天然矿泉水、饮用纯净水和其他饮用水。农夫山泉属于其他饮用水。有关行业的数据显示，我国瓶装水市场已达1500亿元，3元上下主流价格带的产品占有主要市场，消费者青睐定价接地气的产品。以怡宝、可口可乐冰露为代表的纯净水，以农夫山泉为代表的其他包装饮用水，以恒大冰泉为代表的天然矿泉水占据主要的市场份额，前5名拿走了市场"蛋糕"的70%以上[①]。2014年，"根据尼尔森公司的调研数据，农夫山泉饮用天然水市场份额跃升全国第一"[②]，这与近年来我们在各种会议场合看到的那些熟悉的瓶子，在主流媒体上时常闪现的品牌形象等日常现象契合了（见图4-5）。

---

① 我国瓶装水市场已达1500亿元前5名拿走市场70%以上"蛋糕" [EB/OL]. [2018-03-16]. http://www.sohu.com/a/225658076_481398.
② 农夫山泉有限公司官网 [2018-03-17]. http://nongfuspring.com/.

图 4-5　农夫山泉植入北京电视台《北京您早》栏目并出现在各种会议场所

一、"农夫山泉有点甜"成功入口

1. 农夫山泉真的"有点甜"吗

毋庸置疑，农夫山泉是个本土的老品牌。1996 年，农夫山泉股份有限公司的前身——新安江养生堂饮用水有限公司成立，1997 年 6 月，源自千岛湖优质水源的 4 升装农夫山泉饮用水上市，一句"农夫山泉有点甜"很快被消费者记住了（见图 4-6）。

图 4-6　1997 年农夫山泉第一批上市产品的品牌广告①

农夫山泉真的"有点甜"吗？作者回顾自己当初饮用这个产品时，不知是心理作用还是农夫山泉产品本身的原因，确实感觉喝到的水有点甜。1998 年 4 月，伴随着"农夫山泉有点甜"这一广告语，农夫山泉 550 毫升运动装产品迅速在全国铺开（见图 4-7）。

---

① 图文资料均摘自农夫山泉有限公司官网 [2018-04-17]. http://nongfuspring.com/.

图 4-7　1998 年农夫山泉 550 毫升运动装产品的品牌广告

2001—2002 年，农夫山泉抓住时机力挺中国体育事业，成功入选悉尼奥运会中国代表团训练比赛专用水。为支持北京申办奥运会，农夫山泉公司与北京奥组委联合推出"一分钱"以"聚沙成塔"为主体的公益活动，请当时中国奥运会代表团的刘璇和孔令辉出任品牌代言人，以"再小的力量也是一份支持"、"从现在起，买一瓶农夫山泉，你就向申奥捐出一分钱"为活动内容，深度参与国内外重大体育事项，品牌从而得以广泛渗透（见图 4-8）。

图 4-8　2002 年农夫山泉入选悉尼奥运会中国代表团训练比赛专用水

2004 年，农夫山泉发起了题为"阳光工程"的品牌公益活动：为了"让更多的孩子享受运动的快乐"，公司面向贫困地区，包括全国 24 个省、329 个市 / 县的 395 所学校的基础体育事业开展"一瓶水捐 一分钱"行动，共捐出价值

500余万元人民币的体育器材,以支持这些学校的基础体育设施建设和基础体育运动发展(见图4-9)。

图4-9 2004年农夫山泉发起"阳光工程"公益活动

2005年10月,农夫山泉公司启动"载人航天工程"合作项目,时逢我国"神舟5号"飞天之际,农夫山泉公司出资1000万元支持中国航天工程事业,农夫山泉成为"中国航天员专用饮用水"(见图4-10)。

图4-10 2005年农夫山泉公司启动"载人航天工程"合作项目

2009年,农夫山泉公司发起"饮水思源"公益活动。公司与宋庆龄基金会合作推出"饮水思源"主题活动,共筹集人民币500余万元,用于帮助水源地的贫困孩子,感恩水源地的人们为保护水源而作出的巨大贡献(见图4-11)。

图 4-11　2009 年农夫山泉公司发起 "饮水思源" 活动帮助水源地的贫困孩子

2008 年，汶川地震发生后，农夫山泉公司紧急从各生产基地组织装运了 160 个车皮的饮用水发往救灾一线，农夫山泉董事长亲赴灾区第一线八天七夜指挥饮用水的分发（见图 4-12）。

图 4-12　2008 年农夫山泉公司向汶川地震灾区捐赠 160 个车皮的农夫山泉

2010 年，云南遭遇百年一遇的全省性特大旱灾，3 月 22 日，农夫山泉公司向云南灾区捐赠价值人民币 1300 万元的农夫山泉天然水，使灾区 16 个缺水县市的受灾群众喝上了优质天然水（见图 4-13）。

图 4-13　2010 年农夫山泉公司向云南旱灾 16 个县市的受灾群众捐赠农夫山泉

2013 年 4 月，四川省雅安市芦山县发生 7.0 级地震，农夫山泉公司向灾区捐献了 1000 万元（500 万元现金和价值 500 万元的农夫山泉饮用水，见图 4-14）。

图 4-14　2013 年农夫山泉公司向四川雅安地震灾区捐赠农夫山泉和现金

时至今日，我们在喝农夫山泉时，或许已经感受不到什么特殊的甜了，但却能被农夫山泉公司的上述品牌公益活动所折服。农夫山泉只有昨天的施与和奉献，才会有今天的得到与收获！在众多品牌激烈竞争的饮用水市场，农夫山泉产品今天依然能够落地到各类会议场所，其品牌依然能够在媒体上不时闪现，这不得不归功于农夫山泉公司多年来开展的各种主题公益活动。这意味着农夫山泉的"甜"已经不再停留在消费者的生理味觉层面，而是上升到了人们的心理认知层面。如此，农夫山泉才能够实体化地成为广大消费者日常的一个饮用水品牌。

2. 农夫山泉的水源如何

早在1999年，随着媒体和一些消费者关于纯净水是否有益于人体健康的质疑，舆论几乎一边倒地认同纯净水对人体无益这一结论，于是农夫山泉公司对外郑重宣布："不再生产纯净水，转而全部生产天然水！"这是农夫山泉公司应对消费者需求，从产品成分，即品牌内涵要素上使品牌走向科学化的关键一步（见图4-15）。自此，农夫山泉公司不断寻找优质水源，这也成为农夫山泉公司十几年来常抓不懈的一项艰辛工作。

图4-15　1999年农夫山泉公司宣布全部生产天然水

2005年，农夫山泉公司在吉林长白山发现了优质天然水源，其优质在于该水源周围10平方公里无人居住，泉水涌自玄武岩裂缝，常年水温保持在9℃上下，清纯甘冽（见图4-16）。

图4-16　2005年农夫山泉公司在长白山发现新水源

2008年,农夫山泉公司在我国南水北调中线工程的源头——丹江口水库,这个饮用水源一级保护区建立了丹江口水源基地,使这个拥有745平方公里水域面积、呈天然弱碱性的水库深层水成为农夫山泉的水源之一(见图4-17)。

图4-17　2008年农夫山泉建立丹江口水源基地

2009年,在中国国家森林公园——广东万绿湖,这个水域面积370平方公里的我国饮用水源第一保护区,农夫山泉公司开始从万绿湖湖面以下60米处取水,这里便成为农夫山泉在华南的水源基地(见图4-18)。

图4-18　2009年农夫山泉华南水源基地万绿湖

2010年前后,农夫山泉公司进一步挖掘优质水源,新疆的玛纳斯成为农夫山泉的第五个水源地,四川的峨眉山成为第六个水源基地(见图4-19)。

图 4-19　2010 年农夫山泉的第五、第六个水源基地

饮用水的质量好坏如何判断？参照我国《食品安全国家标准包装饮用水》的分类标准，目前我国的饮用水分为三大类：

- **天然矿泉水，** 指在特定地质条件下形成的纯天然矿泉水，水中含有一定量的矿物质、微量元素和其他成分，矿物质和微量元素的含量要达到国家标准上的具体量化要求才可称为天然矿泉水（市场价位较高者）；
- **饮用纯净水，** 指对自来水进行净化处理后的水，一般采用蒸馏法、电渗析法、离子交换法、反渗透法或其他适当的水净化工艺处理后才能称为纯净水，市面上绝大多数低端水都属于饮用纯净水；
- **其他饮用水，** 指以地下水、地表水等非自来水作为水源，经过脱气、曝气、倾析、过滤、臭氧化作用或紫外线消毒杀菌过程处理且不改变水的基本物理化学特性的饮用水（市面上价位相对低端的水，也包括一些矿物质成分，但是矿物质成分不及天然矿泉水高）。

农夫山泉既不是源于自来水的饮用纯净水，也不是天然矿泉水，而属于第三种——其他饮用水。农夫山泉源于天然水而非自来水，这保证了其作为饮用水的基本质量；但农夫山泉又不是天然矿泉水，这使其能够以较低的价位深度进入大众的日常生活，满足人们经济实惠的日常饮用水需求。

从农夫山泉公司多年来持之以恒寻找优质天然水的艰辛进程，我们可以看到其产品内涵式发展的成长特点；从企业多年来持续不断的公益活动主题意义，我们可以看到企业及产品品牌文化在内容意义上的价值取向。品牌的内容营销首先是从真抓实干的内涵式发展开始的。

二、数媒时代农夫山泉传播的内容升级

1. 数字媒介语境下农夫山泉的公益传播

（1）农夫山泉品牌内容的国际化与符号化

2017年12月，农夫山泉公司联手英国最知名的公益项目"红鼻子节"，推出了"带上红鼻子快乐做公益"①活动（如图4-20）。

 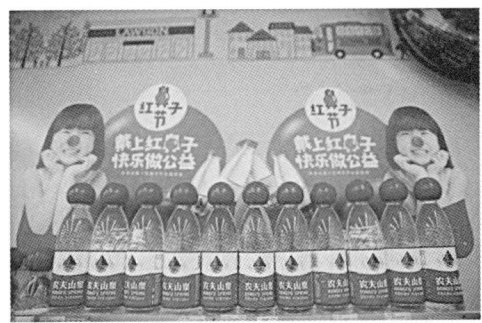

图4-20　2017年12月农夫山泉公司的红鼻子节活动

农夫山泉的红盖子变成了一个圆乎乎肉滚滚的红色小球——红鼻子，这使人想起童年，想起娱乐，想起马戏团，想起滑稽的小丑。红鼻子在哪里出现，哪里就会出现笑声与快乐。这只看起来很浮夸的红鼻子背后却是一个异常严肃的命题：公益！红鼻子节起源于英国喜剧救济基金会（Comic Relief），这家机构成立于1985年，如今已经是英国享誉已久的慈善机构。这家名字叫"喜剧"的基金会的成立宗旨是打造"一个没有贫困的公正世界"，它们认为公益应该是整个人类社会的一场喜剧，应该是娱乐的、轻松的、让人快乐的。于是1988年，喜剧救济基金会产生了一个奇妙的想法：能不能让募捐者戴上小丑的红鼻子，在给人欢笑的同时做公益呢？这个看起来很"不正经"的想法，衍生出了如今英国最知名的公益节日之一：红鼻子节。从那之后，每个奇数年英国都会举行长达六周的红鼻子节。节日期间，人们会带上滑稽的红鼻子，穿着奇装异服到处募捐。他们可能是天真的孩子，也可能是严肃的警察，还可能是西装革履的上班族。至今，已有2700多名世界各国的名流参与其中，比如我们熟悉的憨豆先生、艾玛·沃森特、比尔·盖茨、茱莉亚·罗伯茨、大卫·贝克汉姆、金·卡戴珊等（见图4-21）。

---

① 农夫山泉红鼻子节：公益也可以是喜剧，用不正经的方式做最正经的事[EB/OL]. [2017-12-20]. https://www.sohu.com/a/211586077_269435. 图4-20—图4-23均源自这里。

图 4-21　全球众多名流参与 1988 年的红鼻子节公益活动

随着红鼻子节的影响不断扩大,越来越多的人参与到这个带给人快乐的公益活动当中,德国、芬兰、美国……很多国家的知名企业纷纷投身于这项快乐慈善活动,红鼻子节的精神席卷了世界的各个角落。

2017 年,红鼻子节第一次来到了我国。农夫山泉与红鼻子节达成了 IP 合作协议,将这种快乐做公益的精神传递给我国的消费者。由于多年来始终低调参与或主办公益活动,农夫山泉公司非常了解在中国做公益的难度。而红鼻子节用快乐来传播公益的理念,与当前的社会环境、媒介环境、企业文化和品牌调性非常契合(见图 4-22)。

图 4-22　2017 年农夫山泉公司与英国红鼻子节达成 IP 合作协议

农夫山泉在这次活动中采购了 30 万个红鼻子,销售所得在扣除购买红鼻子的成本后,将悉数捐给深圳关爱行动公益基金会,定向用于"免费午餐"公益项目,共给山区儿童捐赠了25万份免费午餐。截至2017年12月31日,无论是谁,只要购买农夫山泉就可以戴上红鼻子,将这份快乐传播出去,把公益这个严肃的命题融化到轻松快乐的情绪中,每个带着红鼻子的人都会成为快乐慈善的宣传大使,为中国贫困地区的儿童带去一丝来自远方的温暖和爱意。

(2)数字时代线上与线下共振的快乐公益精神

这次以"戴上红鼻子,快乐做公益"为主题的品牌活动的场所,农夫山泉公司选择了上海、杭州、广州、成都、深圳、宁波、苏州等地的几家实体便利店,为消费者做实了购买农夫山泉和带上红鼻子的快感体验。同时,针对这些区域之外的消费者或品牌活动的关注者,农夫山泉特意制作了一款极具喜感的H5,让网友们拍一张照就能"戴上"红鼻子,而且自带美颜效果,使农夫山泉红鼻子活动的参与者都能体会到一种"魔性"笑容(见图4-23)。

图4-23 2017年农夫山泉公司红鼻子活动线上体验

2017年12月,农夫山泉公司的红鼻子活动还与京东联手,让骑着红色快递车、穿着红衣的京东快递小哥们也带上红鼻子,"快乐地传递"这一公益精神。

2.农夫山泉跨界联盟加持内容营销

2017年,农夫山泉在其4亿个瓶身上印制了后来被网友们称为"扎心"的广告文案(见图4-24)。

图 4-24　2017 年农夫山泉在瓶身上印制的广告文案

在这样的瓶身文案中,我们见到了网易云音乐的品牌 Logo,每一个主题文案下方都标注着出处:"来自网易云音乐用户 XXX 在某歌曲下方的评论。"这就是 2017 年农夫山泉的大手笔之作——跨界联盟:联合网易云音乐品牌携手推出"乐瓶"(从网易云音乐用户发布的乐评中精选了 30 条作为瓶身文案)(见图 4-25)。

图 4-25　农夫山泉联合网易云音乐推出的"乐瓶"广告文案

所谓"扎心",其实是营销者与受众建立情感连接的一种技术手段,即通过广告的画面或文案唤起受众的情感共鸣和审美认同,从而让他们对广告内容或品牌留下印象。因此,从本质上来看,扎心营销与情感营销"同根同源,差异之处仅仅在于前者更强调刺激，后者则主打温情而已"①。从"农夫山泉有点甜"到"农夫山泉有点酸"，品牌跨界营销的相关性精妙极致，理论上契合了20世记60年代美国广告大师李奥·贝纳提出的"固有刺激法"（也称"与生俱来的戏剧性"方法），实践中则激活了网友的UGC（User Generated Content，用户原创内容）——"从嘴里喝下去的水，要再从眼睛里流出来吗？"②试想，如果没有网易云音乐的资源，仅靠农夫山泉本身很难出现如此境界。

音乐具有独特的情感杀伤力和精神治愈力。2013年上线的网易云音乐已经凭借音乐的力量黏住了4亿用户，曾经的音乐发烧友以及今天活跃在网络平台上的新一代年轻人成了网易云音乐的忠实用户，他们自主创建的优质歌单数已经超过4亿，累计产生了4亿条乐评。"网易云音乐已经不仅仅是简单的在线音乐播放器，而是自带音乐社区属性的产品，每条乐评背后都是一个故事，总有那么一两句打动你的心，所以也有人这样说，'中国最好的乐评人都在网易云音乐的评论区'，这也成为了网易云音乐独一无二的格调。"③网易云音乐的评论丰富了每首歌的情感，成了音乐不可或缺的一部分。因为评论里的故事和情感就真实地发生在我们生活中，这些只言片语汇聚起来，便成了音乐的力量，让一群人的喜怒哀乐有了共鸣。

农夫山泉公司与网易云音乐携手推出的"乐瓶"，瓶身的图案设计具有极强的吸引力——"农夫山泉7年首次在水瓶上增加新的视觉元素：黑胶唱片元素与农夫山泉的山水形象相结合，两者却融合得很自然。而且这次Logo图案还加入了新玩法，用户可以通过网易云音乐APP扫描Logo图案，就会出现一片浩瀚的星空，点击任意一颗星球都会出现一句精选的乐评。对于农夫山泉来说，本次跨界营销不仅使得农夫山泉纯净水增添了新的品牌情感，还开辟了一种新的媒介玩法，而网易云音乐也把自己的优势发挥得淋漓尽致。"④这就是品牌联盟带来的增值。

网易云音乐很清楚："乐评是平台与用户之间最具黏性的情感链接。这次

---

① 王昕.扎心营销背后的营销学思考[EB/OL].[2017-09-17]. http://www.sohu.com/a/192610658_652597.
②④ 农夫山泉用400000000瓶水和网易云音乐玩跨界，这次文案段子又要炸！[EB/OL]. [2017-08-13]. http://www.sohu.com/a/164403340_183589.
③ 张玉涵.乐评笔记书背后，网易云音乐人民日报出版社为何跨界合作？[EB/OL]. [2018-03-19]. http://www.baijiabao.baidu.com/s?id=159537042075027///&wfr=spider&for=pc.

通过将品牌 Logo 当成内容的传播出口，将'扎心'乐评转移到了覆盖面极广的饮用天然水瓶上集中释放，让内容传播更具更有杀伤力。"[①] 与此同时，农夫山泉公司在其新浪微博的官方账号上也推出了同主题的"乐评"诉求（见图 4-26）。

 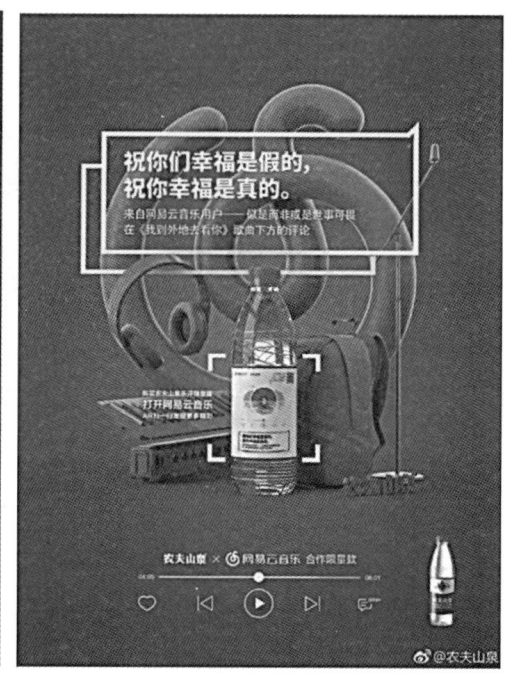

图 4-26　2017 年农夫山泉公司在新浪微博平台上投放的广告文案

版权，意味着内容；乐评，意味着每句话背后有一个最真实的人性个体的情感故事。与网易云音乐的合作，使农夫山泉找到了一个深度进入内容营销的资源入口，这是一个关于人生、人性与音乐的超级题材库。

与网易云音乐的品牌联盟营销传播活动，使农夫山泉多了一分人情味，渗进了一些日常社会的调性，表露出些许情感文化的真相，使这款清淡无色的饮用水品牌拟人化、情感化、温情化，而这些正是农夫山泉品牌升级的标志。

---

① 农夫山泉用 400000000 瓶水和网易云音乐玩跨界，这次文案段子又要炸！[EB/OL]. [2017-08-13]. http://www.sohu.com/a/164403340_183589.

三、农夫山泉的体验式内容营销

1. 农夫山泉搬运工的故事

2017年,农夫山泉在北京电视台投放了题为"一百二十里"的主题电视广告,以真实的故事为依托,讲述农夫山泉公司员工的日常工作:

在《肖帅的一天》这支广告里,作品以第一人称的道白方式,介绍自己几年如一日的工作只为保证水源的质量(见图4-27)。

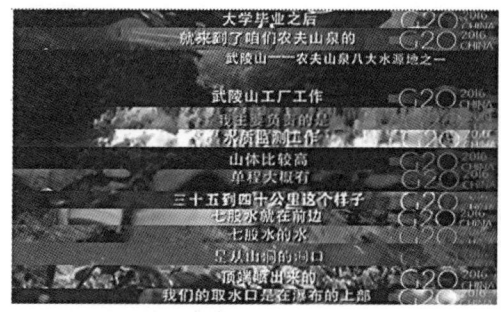
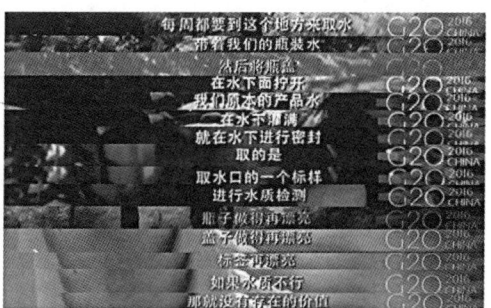

图4-27 2016年农夫山泉广告《肖帅的一天》篇

作为农夫山泉武陵山水源区的一名水质检测员，肖帅在广告里说："大学毕业之后就来到了咱们农夫山泉八大水源地之一的武陵山工厂工作，我主要负责的是水质监测工作，山体比较高，单程大概有三十五到四十公里这个样子，七股水就在前面边。七股水的水是从山洞的洞口顶端喷出来的，我们的取水口是在瀑布的上部，每周都要到这个地方来取水，带着我们的瓶装水，然后将瓶盖在水下面拧开。我们原本的产品水，在水下灌满，就在水下进行密封，取的是取水口的第一个标样进行水质监测。瓶子做得再漂亮，盖子做得再漂亮，标签再漂亮，如果水质不行，那就没有存在的价值。水就是我们的生命之源，我的工作就是确保水的安全。给消费者一个放心，成就了农夫山泉二十一年的品质。"

广告文案平实无华，通过一位监测工人的话语细致地描述了农夫山泉的质量监测流程。电视画面场景式的渲染，让观众如身临其境般地了解了农夫山泉天然水的产品质量，为品牌在新时代的重新定位："我们不生产水，我们只是大自然的搬运工"强化了视听符号内容的品牌印记。

2. 消费者实地体验农夫山泉水源基地

实际上，从2009年开始，农夫山泉公司就发起了"农夫山泉寻源活动"，公司组织消费者免费参观千岛湖、万绿湖等农夫山泉的天然水源基地。如2009年7月，公司通过全国百家以上的电视、报纸、网络媒体，公开招募2000名消费者免费寻源千岛湖等。这种将产品后台的"大原料库"直接亮相给消费者的做法，不是作秀，更不是广告，而是请消费者身临其境地直接体验，将之前停留在传媒层面的品牌信息实景化地摆在消费者的面前。这是对营销内容的检视，是"内容营销"的升华。它可以使内容更加深入人心，引发消费者的口碑传播（见图4-28）。

图4-28　农夫山泉企业发起的"寻源"全国推广活动

从图4-28右下角可以看出，农夫山泉公司已经将农夫山泉的水源基地分布直接呈现在微信公众号的推文里了，并附上了地图标识，真实地向用户展示了其水源的天然证据，同时组织消费者探寻水源地的免费"旅游"活动，一举多得，将消费者带入一种深度体验式的内容营销中。

这使我们想起了"体验经济"这个十几年前曾经在营销界被人们热捧的专业术语。按照哈佛商学院出版社出版的《体验经济》一书的划分，人类经济发展历史经历了四个阶段：从物品经济（未加工）时代，到商品经济时代，再到服务经济时代，继而进入体验经济时代。

在以体验经济为特征的营销传播时代，任何一种体验都是消费者或用户个人体智状态与体验场景之间互动作用的结果。对于一个品牌的认知，如果消费者或用户能够全程亲身参与自己消费的某个产品的某个生产环节，并由此而产生兴奋、信任、放心或开心等情绪，那么这个产品品牌在消费者或用户心中的位置便有可能得到提升，用户的印象会被强化，品牌的"差异性"正能量价值会得到加持，品牌经营者的良苦用心便有可能转化为品牌的人文价值附加值。这种个性化的品牌体验活动会比简单的广告营销传播或直接的商业交易产生更多的意义，它可以使消费者或用户通过直观感受说服自己的内心，从而信任甚至享受价值。如农夫山泉的"寻源"活动就伴随着免费旅游一并发生。目前看，这种体验性的内容营销或许是品牌传播中最有影响力的策略了。

四、农夫山泉品牌下品类内容的延伸与收获

1. 依靠农夫山泉品牌不断开发新品类

按照农夫山泉企业官网的记载，在农夫山泉品牌经营的十年里——1996年至2005年，企业开始陆续推出了农夫山泉品牌大旗下的品类产品：农夫果园、尖叫、水溶C100、东方树叶（系列）和17.5°橙等。

如此，品牌开路、品类铺货，农夫山泉努力拓展市场，发挥强势品牌的市场功能，扩大品牌的规模效益，以期大幅度提高品牌的市场占有率，使品牌从小到大到强（见图4-29、图4-30）。

2. 品牌二十多年来的公益与公关活动收效

2009年，农夫山泉被全球著名的市场调研公司AC尼尔森评选为中国内地消费者最信赖的六大品牌之一（见图4-31）。

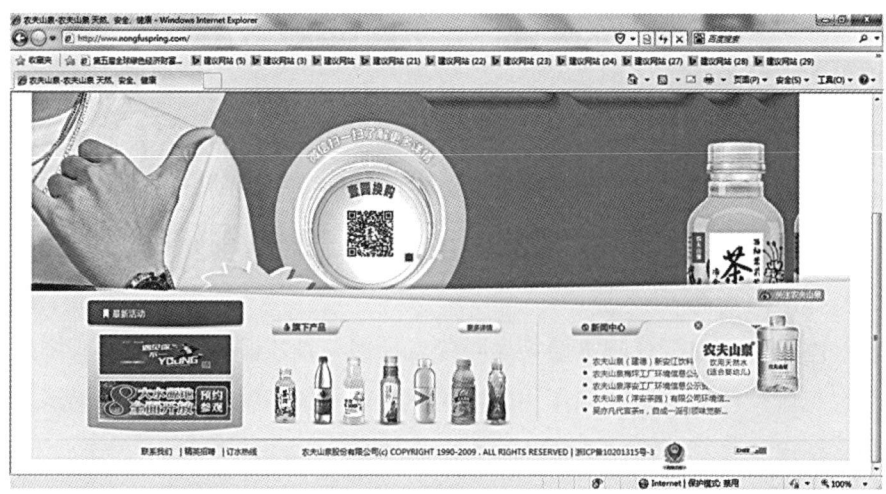

图 4-29　农夫山泉公司官网首页品牌产品展示

图 4-30　近年来农夫山泉公司不断推出的新款品类[①]

图 4-31　2009 年农夫山泉被评选为"最信赖品牌"[②]

---

① 农夫山泉有限公司官网 [EB/OL]. [2017-03-24]. http://www.nongfuspring.com/.
② 图片 4-31—图 4-34 及相关内容均源自农夫山泉有限公司官网 [2017-03-24]. http://www.nongfuspring.com/.

2008—2009年,农夫山泉被美国《读者文摘》评选为中国瓶装水中唯一的"白金品牌"(见图4-32)。

图4-32　2008—2009年农夫山泉被美国《读者文摘》评选为"白金品牌"

2014年,全球著名市场调研公司AC尼尔森的数据显示:农夫山泉饮用天然水的市场份额跃升至全国第一(见图4-33)。

图4-33　2014年农夫山泉瓶装水问鼎全国市场份额第一

2015年,农夫山泉天然矿泉水拿下五项国际包装大奖,创下该品类产品问鼎世界大奖的纪录(见图4-34)。

让历史告诉未来。这个案例之所以详尽阐述了农夫山泉的过去,旨在通过展示"曾经"预示"未来":成功的企业与品牌,哪个不具备服务大众、多做公益的初心!

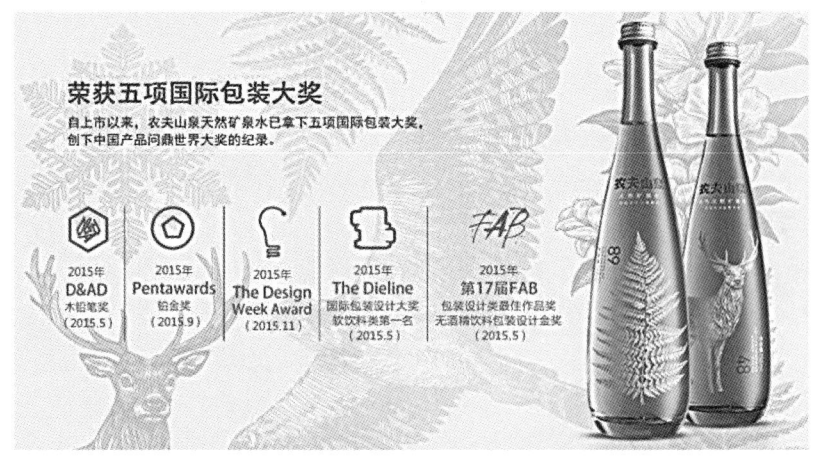

图 4-34　2015 年农夫山泉荣获五项国际包装大奖

首先，做起品牌。农夫山泉的品牌知名度首先是实实在在"干"出来的，是靠品牌的拥有者不断奉献产品利润，一次又一次且持之以恒地以公益活动累积起来的。在当代市场竞争中，企业的产品已经不能只靠传播就能打下品牌江山了。众所周知，农夫山泉公司的"一分钱"公益活动持续了多年，农夫山泉人秉承"再小的力量也是一种支持"的理念，十几年来始终倡导公益精神，理性而持久地投入公益活动，使其公益的"烙印"深入人心。这正是农夫山泉今日得以"霸占"会议桌的原因。对于任何一个企业或品牌来说，从产品内涵出发去树立品牌都是达至成功的不二选择。"内容营销"之"内容"首先源于扎扎实实的产品构成元素和生产要素。数字媒体技术环境下，快、闪、爆或许能使品牌轻易得到扩散度和知名度，但品牌的美誉度和诚信度却是靠任何传媒技术都难以得到的。

然后，做强品牌。这需要在产品内涵式发展的基础上充实品牌的文化，需要长期的滋养。品牌文化的发展是品牌不断升级、品牌个性成熟的一个过程，需要广告策划者不断跟进并引领消费者或用户的心理需求，需要品牌逻辑的演进和品类的不断铺货。如此，品牌才能瓜熟蒂落，使其拥有者收获品牌红利。

关键词与要义

☆ 产品内涵式品牌建设：实体公益内容 + 高质量天然水源地的品牌内化
☆ 品牌公益内容的涵化：持续不断的公益活动形成滴水穿石的品牌力量
☆ 快乐公益的精神内容：红鼻子、国际化、符号化、快乐公益新概念
☆ 体验经济式感性内容：感性心理、愉悦心态、享受价值、信任感
☆ 品牌整合性重新定位：品牌升级需要生产、经销和传播各环节协同发力

第五讲

广告策划与整合传播中的数字营销

这一讲的核心是：如何使数字技术驱动下的文化创意和符号语境更加有利于品牌的年轻化升级。本讲要阐释一个理念和一个关系：数字营销以及数字营销与品牌诸多问题之间的关系。

IP正在得到更广泛的应用，已经从作为专业术语的"知识产权"被拓展到传媒、娱乐和品牌等多个领域，出现了大IP或超级IP这些建立在粉丝、流量等网络聚合用户意义上的现象级新范畴。数字营销能够帮助品牌更加有效地从一般的差异化升级为IP。

如何更加充分地运用现代传媒科技和文化创意制定品牌升级的传播策略，不仅涉及策划者的品牌管理和营销传播能力，还涉及数字社交平台的用户体验以及建立在品效合一基础上的体验经济和意愿经济。这些都对新时代的品牌经营者提出了更高的品牌素养要求。

一、数字营销使老品牌年轻化

1. 数字营销到底意味着什么

"数字营销"是什么？这个被人们叫了多年的术语到底意味着什么？这里我们不妨先从媒介和数字媒体说起。

近年来，为什么一些业界人士大胆地定论："万物皆媒体！"我们不妨回望一下传播学的缔造者、加拿大著名传播学家马歇尔·麦克卢汉早在20世纪在其著作《理解媒介——论人的延伸》中所指出的：媒介不是专指狭义的广播、报纸、电视等从事大众传播工作的机构，而是在更广的意义上实现人的延伸的各种技术与中介。这些媒介有很多融于人们的日常生活之中，根本未被人意识到，如道路、服装、住宅、时钟、轮子、飞机、打字机、游戏乃至武器。"在我们这样的文化中，长期以来已经习惯于把所有的事物都分裂和切割，以此作为控制事物的手段。"[①]今天，实现人的延伸的各种技术与中介真的出现了，"在人的延伸中"，眼镜、衣服、手表、交通工具、种种物件，在现代传媒技术，尤其是在数字技术的帮助下都已经成为多元化、网络化以及交互化的高效传播媒介载体，承载了传递信息、实现销售、服务品牌的使命。

依靠数字媒体而进行的数字营销，具备以往媒介传播不曾有过的多重属性和前所未有的强大功能：

- 可以使传播内容的分享、转发和扩散达到前所未有的速度；
- 可以使传播品牌在社交媒介平台上得到前所未有的互动响应；
- 可以使广告主得到前所未有的即时反馈的真实性；
- 可以使品牌用户针对品牌的质量拥有前所未有的话语权；
- 可以使品牌策划者对品牌创新创意投入的心智达到前所未有的程度；
- 可以使品牌的重新定位或升级的品牌人格化趋势达到前所未有的程度；

---

① 麦克卢汉.理解媒介[M].何道宽，译.北京：商务印书馆，2000：33.

- 可以使品牌传播内容的渗透性和影响力达到前所未有的程度；
- 可以使用户对品牌的体验和意愿表达达到前所未有的程度。

如今，我们已经进入数字媒体时代，适逢大量老品牌需要"焕发青春"、新品牌需要有卓越的市场表现。那么，数字技术如何为品牌的做大做强注入动能？

2. 品牌的年轻化意味着什么

无论是在传统媒体时代还是在新媒体时代，品牌都是一个需要日积月累才能树立起来的概念。正态的品牌成长应该呈现为品牌价值或质量与品牌的发展时间成正相关的增长态势。即品牌在市场上畅销的时间越长，其品牌价值的积累就越多。然而，在竞争越来越激烈的商业品牌市场，产品使用价值层面的同质化现象越来越严重。如何使品牌留住原有的老用户或消费者？如何使品牌市场延伸到年轻的新用户以及潜在消费者那里？即如何使品牌长期具有稳定并壮大的市场占有率？近几年，我国商业品牌领域提出了一个富有挑战性的品牌经营理念——品牌年轻化。

品牌的年轻化包含了两种意义：第一种是针对老品牌而言的，在新的品牌传播语境下，老品牌的内涵需要重新定位或升级，以淡化或去掉老化、老气的品牌历史印象，在刷新品牌在老用户心目中的品牌形象的同时吸引更年轻的新一代消费者。第二种是把品牌市场直接对准年轻用户，通过有针对性的品牌策划方案，抓住年轻人或新一代的媒介受众，将他们变成品牌个性的"粉丝"和品牌的目标用户。可见，以上两种含义都有把年轻用户作为品牌传播的目标对象之意，因此老品牌的年轻化对于品牌的可持续发展意义重大。

品牌的年轻化基本上有以下几种途径：

第一，老品牌与新品牌进行联盟式营销活动，传播出 1+1>2 的品牌增值效果。如肯德基 & 阴阳师跨界应援二次元的营销传播策划与实施。

第二，选用年轻偶像级代言人物，让品牌以年轻、阳光、富有活力的形象再现于受众面前。这需要健康的形象和正能量的场景传播（见图 5-1）。从鹿晗账户名称下方的小字"来自 vivo X20 全面屏手机"，到鹿晗微博正文里的"可口可乐城市罐"，我们可以感受到这个账号满满的商业信息，其粉丝量已达 4340 万人而且还在增长，而鹿晗的头像就是一个简单大方的坐姿，与两个品牌所要传达之意毫无违和感。

图 5—1　2018 年 3—4 月鹿晗新浪微博截图

第三，运用文化创意创新品牌文化从而提升品牌的社会形象，这是建立在产品功能性定位的基础上，以文化元素的力量激发品牌新的活力。相比品牌年轻化的前两种路径，这才是品牌策划的上策。真正的文化创意能够创作出不落俗套、令人耳目一新而又充满正能量的作品，源于生活又高于生活，既基于品牌的物理功能又能升华出精神愉悦，如后文案例中纳爱斯集团雕牌旗下的雕兄，其品牌就因为日益独占性的差异化而趋向于成为一个 IP。

二、数字营销使品牌 IP 化

1. IP，你真的搞懂了吗

"IP"是什么？这个概念似乎浅显易懂，其原意为英文"Intellectual Property"的直译——知识产权，IP 为其缩略语。这是一个早已在传统媒介时代就已经界定清晰的专业术语，但是近年来，IP 却广泛流行于网络文学界、游戏界、娱乐和影视界等，甚至还出现了大 IP 以及超级 IP 之说，大有进入商业品牌领域之势。

IP这个原本属于知识产权（也可译为"知识版权""知识财产"）领域的专业术语，近年来之所以得到广泛运用，是由网络小说改编的所谓"IP剧"引发的：某部网络小说（亦称网络文学，拥有版权）有了一定数量和规模的阅读者，即"收割"了大量粉丝后，影视剧制作机构便将该小说改编为影视剧，喜欢或关注该小说的粉丝便会转化为该影视剧的观众，这就保证了该剧的收视率。当这个群体足够大时，人们就称其为"大IP"。如果同一个主题或内容的网络小说衍生出其他作品形态，如电视、动漫、出版物、游戏以及各种形式的文化创意产品，在更大的范围内获得了更多的观众或听众或用户，此时它就可能被称为"超级IP"。

因此，在这里，我们将IP理解为受到版权保护的知识财产更为妥当。IP的本质是具有版权的文化财产，其价值在于这种具有版权的文化财产以一定的传媒作品形式出现的时候，它所能吸引的观众、听众、网友、用户等受众群体的大小。IP的价值体现的是其背后有多大规模的"粉丝"以及他们的消费能力——这才是人们关注的实质，也是IP得以流行的主要原因。至此，IP的经济价值浮出水面，依靠IP凝聚起来的是一个受众（观众、读者、网友、用户等）群体，聚合他们力量的是IP内容的影响力。换句话说，这群人具有共同的内容爱好，或者对同一个内容有较高的认同感，以至于他们可能在作品之后的IP化行动中继续跟进、继续消费。

在传统媒介语境下，IP多指知识产权或出版物的版权；在现代媒介语境下，IP多指适合二次或多次改编开发的网络小说、影视文学、游戏动漫以及针对同一个内容开发的各种文化创意衍生品。所以，一个IP既可以是一部网络小说、一个故事、一件艺术品、一个网络游戏、一种流行文化，也可以是一个备受关注的微博账号，还可以是某电视台的真人秀栏目。

但是，能够成为IP，即具有知识财产内涵的东西，应该具备完整的文化产品形态，具有一定的世界观和价值观属性，由自身的文化逻辑构成其生命力。所以，IP应该是在具备了一定的文化元素积累之后，所输出的具有某种价值观取向的精华作品。显然，在数字媒体环境下，由于互联网的聚合力、扩散力和交互属性，将IP转化为大IP，再催生出超级IP的周期，相比传统媒介时代要短很多。于是，当一个有吸引力的"好内容"出现后，争抢购买其IP的局面便会出现。

商业品牌的差异化定位与 IP 的知识财产独占性是天然契合的，商业品牌为吸引媒介受众而进行的创意传播与 IP 凭借好内容吸引更多粉丝的做法也是异曲同工的。这就是商业品牌得以 IP 化的学理基础，业界也确实有不少将 IP 移植到商业品牌传播领域的案例。

2. 品牌 IP 化中的文化创意产业

品牌的 IP 化，就是依赖品牌自身的文化内容和作品形式以及持续的传播力吸引、凝聚和黏住特定人群的过程。每个成长中的品牌都有其自身的品牌内涵和文化发展逻辑，并通过专业人士的策划与创制，持续地将品牌文化诉求以广告作品或活动内容的方式呈现给受众。其中，品牌在差异化建设或品牌重新定位、升级的过程中，通过一定的广告传播策略维护老用户、吸引新用户，不断扩大品牌"粉丝"规模的过程，就是品牌 IP 化的过程。

品牌的 IP 化是一个新生事物，目前业界对品牌 IP 的认知也存在分歧。有人认为品牌的 IP 就是打造一个品牌输出载体，这个载体就叫 IP。因此，一些企业找专业设计师专门设计一个品牌吉祥物，然后称自己有了 IP。其实，在商业品牌领域，能够称得上 IP 的，并不是一个简单的象征物件，而是这个 IP 身上承载的关于企业品牌开放的文化取向，它包含着品牌的全部价值。如在本书案例二中，农夫山泉和网易云音乐合作的"乐瓶"，其本身就蕴含着两大品牌交互渗透的价值：农夫山泉瓶身上山水形象的视觉元素和黑胶唱片元素彼此交合、自然融畅，用户通过网易云音乐 APP 扫描 Logo 图案，就会看到一片浩瀚的星空，点击任意一颗星球都会看到一句精选的乐评。网易云音乐本身所拥有的巨大的乐评数据库，足以支撑这个"乐瓶"在数字营销中不断输出新的内容，以满足其品牌追随者的精神需求。在本讲的案例中，纳爱斯集团雕牌旗下的虚拟化人物雕兄，也以"新家观"为内容不断释放出品牌的文化魅力。另外，如图 5-2 中网易新闻的主编羊驼王三三等，他也是网易新闻品牌 IP 化的虚拟人物。

可见，品牌的 IP，可以通过一个具体的象征物或传播符号来表达，但其 IP 的实质内涵是企业品牌文化的价值观。在当前品牌 IP 化的趋势下，我们只有认清品牌 IP 化的本质，才能走上一条健康的品牌 IP 化发展道路。

图 5-2　网易 IP 化新闻主编羊驼王三三[①]

品牌的 IP 化应该包含如下三个层次的作品形态：

第一个层次，IP 的内核，即产品价值或品牌故事，这是构成 IP 的引擎部分。只有拥有价值的好产品才能策划出好品牌，这是建设 IP 的基础和前提。产品的质量是决定其品牌以及品牌 IP 化能否成功走向市场、赢得用户的关键。

第二个层次，IP 的承载物，即品牌 IP 的传播符号，这是 IP 的表现即载体部分。IP 的符号表现要能够迎合受众人群的调性才容易吸引受众并为他们所接受。"讨巧"的符号会成为媒介，实现品牌和用户之间的心理沟通。在一个"泛 IP"化的时代，无论是针对制造商的物质产品品牌，还是针对文化企业或传媒企业的文化产品品牌，商家及品牌推广的策划者都可以根据产品的特质、外形或用途创造出适于品牌形象推广的虚拟化 IP 人物。

第三个层次，IP 的附加值，即 IP 强化原有品牌文化价值的延伸部分。这是品牌通过 IP 化得到升级的价值空间，是通过思想的冲击力赢得用户的策略。

三个层次的共同属性都是文化创意，通过优质内容和符号构建意义，再从文化品牌进化到文化电商，借助数字媒体之便利，使富有情趣和意义的话题被转发，在无限长尾的互动中赢得流量、实现转化，将品牌 IP 推向大 IP。

三、数字营销传播中的体验性与体验经济

产品是有形的，品牌是无形的，它们共同创造出的体验是令人难忘的。这里，产生"令人难忘"效果的，除了产品本身所含有的质量满足感，还可

[①] 腾讯视频. 网易新闻羊驼主编王三三 [EB/OL]. [2017-10-03]. https : / v. qq. com /x/page/y0398pqkabb.html.

能有品牌在营销传播中给人的快乐体验。数字营销环境为品牌传播提供了更加充分的可行性条件，使品牌的策划者和传播者可以通过场景设置、传播符号、AR 或 VR 等技术进一步吸引、刺激、感化媒介受众，使他们在良好的品牌体验中记住品牌。

1. 体验性，你真的了解它的价值吗

体验性是人的感官得到的某种享受价值的感觉属性。在数字媒体营销传播中，体验性一方面指用户在使用媒体时所感受到的方便性、快捷性、简约性和愉悦性等媒体效率方面的优点；一方面指用户在消费媒体内容时因媒体讯息符号刺激而产生的情绪和获得的心理感受。体验性是直接反映人们心理体验以及获得感、存在感等精神层面的表达术语，它直接反映了人们能否得到心理或生理上的某种美好的享受价值。所以，良好的体验性是最能迎合用户和留住用户的商业目标。目前，体验性分为媒介使用的体验性和媒介内容的体验性两大类：

第一，技术赋能不断优化媒介的体验性。数字媒体时代也是一个人人媒体的时代，传媒技术的快速发展使人们从读者或观众逐渐升级为可以随时触达媒体屏幕、满足各种消费需求的用户。移动屏读、随时随地、碎片化时间观赏，这些，使数字媒体比之以前任何一个发展时期的媒体都具有了更多的身体或心理触达条件，可以增强用户的满足感，即体验更好。相比以往任何一个历史阶段的媒介营销传播，数字媒体独到的体验效果表现在以下几个方面：

- 与人的距离最近；
- 触达最便利；
- 信息的互动性最灵活；
- 受众的被动性被弱化而主体性被更加充分地释放出来。

所以，数字媒体传播给人们的体验感最强。在移动终端视频化的网络传播环境下，随着主流媒体先后建立客户端，随着各类 APP 客户端此消彼长，拥有智能终端的人们随时可以利用碎片化的时间登录各个智能终端进行碎片化的信息消费乃至购物或网络交易。于是，体验性就成了包括主流传统媒体在内的各种客户端竞相争"宠"的主要标的。在目前终端入口多、信息渠道广、传播过度的媒介环境下，哪家 APP 的应用体验性好，哪个就最受用户的青睐。

第二,品牌策划与文化创意的目的是提高用户的媒介内容体验。尽管今天的微信已经成为众多品牌传播其内容的重要阵地,但在当初,在微信刚刚投放市场供广大社会公众使用之时,微信并没有开放其商业广告功能。直到2015年的1月,微信才开始推送信息流商业广告,而且第一次还小心翼翼地根据大数据进行了分类分发。2015年1月25日,微信朋友圈广告正式上线。当时虽然只投放了宝马中国、可口可乐和vivo智能手机三个品牌,却引发了全民刷广告的风潮。据说看到宝马的是土豪,看到vivo的是"屌丝",看到可口可乐的是"二B"青年。于是,一贯惹人反感的商业硬广告被"玩"成了人人都可以对号入座、寻找自我画像的体验性事件。近年来,一批又一批短视频APP之所以不断走红,也是因为广告主们看好视频能够给人带来的良好体验,将之做成了人们进入品牌销售语境的"入口"。这些策划与策略的目标,都是提高用户的体验性。在经济学领域,体验性催生了一种独特的经济形态,即"体验经济"。

按照哈佛商学院出版社《体验经济》一书的划分,人类经济发展历史经历了四个阶段:从物品经济(未加工)时代,到商品经济时代,再到服务经济时代,而后进入体验经济时代。《第三次浪潮》一书作者托夫勒预言,服务经济的下一步是走向体验经济,而2000年的《哈佛商业评论》也提出,体验经济时代已经到来。

体验经济在21世纪之初就在全球市场显示出它的引领地位。一些成功的IT行业产品以其特征重新定位了品牌价值,并将其作为企业的经营理念,如惠普总裁卡莉·费奥瑞纳提出的最佳全面客户体验、IBM推出的IBM ThinkPad体验中心、戴尔提出的"顾客体验:把握它"以及我国联想提出的"全面客户导向"等。

2. 体验经济与品牌营销传播

在传统媒体时代,"体验经济"一词大多用在商业生产领域,指经营者利用消费大众对亲身体验的渴求,将原本不需要消费者亲力亲为的生产或服务过程以一定的价格卖给消费者的经济活动。体验经济的最大特征就是追求品牌和消费的个性化心理满足和享受价值,它将"体验"作为一种经济物品进行买卖。如顾客在自酿啤酒的过程中获得学习、娱乐和成就感方面的体验。

在今天的数字媒体传播领域,按照"体验经济"中"经济"的效益属性,"体验经济"指用户通过对媒体品牌或媒体所传播的产品品牌内容的良好体验,成为媒体的忠实用户或媒体传播产品品牌的转化者、购买者，从而产生经济效益的经济活动。关于数字媒体独到的用户体验优势，本书前面已列示了四点。

在这个媒介发达、"万物皆媒体"的数字时代，品牌的营销传播活动早已超越了传统硬广告以及传统四大媒体的传播范畴和范围而进入了一种新的广告业态。

体验经济这个离品牌经济效益最近的沟通形式必然要延伸到品牌传播领域，延伸到数字营销的诸多品牌传播形态中，通过体验性高的品牌传播拉动体验消费，进而实现体验经济效益。

品牌价值是一个主观范畴，尽管国内外品牌价值评估机构不断推出自己的评测指标体系，但即使是那些上了各种榜单的所谓"头部"品牌，它们在人们心目中的真实地位依旧瞬息万变。品牌的良好信誉不仅受制于、源于各方——包括竞争者的随机性刷屏网络信息，更受制于人们的主观偏好。构成"品"的三个"口"字永远提醒着品牌的拥有者和策划传播者：品牌是靠消费者或用户的口碑积累而形成的。尽管广告具有"生产"品牌的功能，但是单向度的品牌喧嚣和政策性的品牌强加都难以使品牌在消费者或用户的心中生根、开花、结果。唯有通过消费者或用户自身的良好体验，品牌才能牢牢地"黏"在消费者或用户的心里，从而达到广告策划者所期待的目的。所以，品牌传播者要通过营造特定的语境、创制适当的符号、传播适切的讯息使媒介受众得到良好的品牌体验，这是广告策划者和传播者塑造品牌形象的第一要则。

数字媒体的种种优势性能给了品牌传播的良好体验性以有力的支持，而广告主和品牌传播者则以自己的专业策划功力更多地发力于如何打动媒体受众并引发其互动，使他们在有感后进入有意识的身心体验状态。在数字媒体营销传播下，品牌可以通过场景设置和文化真诚，给各个环节注入一定的"体验价值"，如情感因素、文化因素、娱乐因素、同理心、恻隐心等这些能够引发媒介受众"心动"的美好情愫，使他们在美好的体验中从不知晓进而知晓进而理解，继而确认并行动，从而形成品牌的"沟通光谱目标"[①]。这是品牌从"体验经济"走向"意愿经济"的必然过程。

---

① 丁俊杰，康瑾. 现代广告通论（第三版）[M]. 北京：中国传媒大学出版社，2013：216.

四、从意愿经济走向品牌素养

1. 意愿经济,一个契合数字媒体时代的话题

"意愿经济",一个非常契合当代数字媒体传播语境的概念,是媒介受众或目标用户根据自己对品牌的良好体验而成为品牌消费者的经济行为以及因此而产生的效益,这是继"注意力经济"和"体验经济"之后,有关学者揭示出来的一个新的维度。《意愿经济》[①]一书作者、美国学者多克·希尔斯在这本著作中以一个整体的理论框架,阐述了如何围绕用户的消费意愿来组织整个服务体系,从而使消费者满意地获得产品或服务,同时降低商户寻找目标客户的成本。表面来看,这与品牌营销传播似乎并没有直接的联系,但是,在能够提供和运用大数据算法为客户画像的技术背景下,在社交媒体已深度渗透到客户终端的"社交货币"的媒介环境下,现在洞察用户的消费意愿比以往任何一个时期都更便捷、更可行。因此,洞察客户意愿便成了广告主和品牌策划者、传播者的又一个营销传播任务。

回望品牌营销传播的逻辑发展,从早期的注意力经济(Attention Economy)——品牌传播者以专业策划开展广告活动,以引发目标受众对品牌的关注,到体验经济(Experience Economy)——品牌传播者以专业策划通过场景设置等策略将品牌元素深度渗透到用户参与的广告活动中,有目的地使用户体验到品牌利益,再到意愿经济(Intention Economy)——品牌传播者以专业策划提供 UGC,通过广告活动中的互动环节或品牌建议之类的话题设计,让用户直接提出需求。在带着传统媒体时代印迹的注意力经济时代,广告主要通过市场调研推测用户的需求,然后大量投入广告;而在数字媒体传播时代,企业可以通过自媒体和成本较低的线上广告活动或线上线下交互整合的品牌传播活动,为用户提供更多的发声平台。

没有吸引目标受众注意力的品牌入口,用户哪有机会体验品牌;没有良好的品牌体验,用户哪有消费品牌的意愿。纵观数字媒体的强大功能,概览社交平台勃兴后人人媒体的景象,可以发现,数字媒体语境下人们对品牌的态度更开放、更感性、更具有想象力。意愿经济的本质是买方发现中意的卖方,这就更需要广

---

① 希尔斯. 意愿经济:大数据重构消费者主权[M]. 李小玉,高美,译. 北京:电子工业出版社,2016.

告策划者切准品牌的入口，从喧嚣的话术竞争转向设置释放品牌利益的体验性场景，从而赢得用户的意愿。

2. 品牌素养是品牌经营者的专业资质

维系品牌价值和形象的是品牌所有者与品牌传播者的品牌素养。"品牌素养"(Brand Literacy)是一个创新概念，依照"大媒介"的视角，品牌也是连接用户和商品之间的媒介。美国媒介素养专家詹姆斯·波特提出了关于媒介素养的三大基石：个人定位、知识结构和技能。"这是构建一个人具有一套更为广阔的媒介视野的必备条件。"[①] 对于品牌消费者而言：品牌素养指其体验品牌、消费品牌、获取品牌信息、体验品牌个性并利用媒介传播品牌利益的知识能力和文化素养；对于品牌经营者而言，品牌素养是其坚守品牌的产品质量、挖掘品牌内涵、诠释品牌文化、构建品牌价值、创新品牌的差异化个性、实现品牌年轻化或IP化升级以及应对品牌危机的公关能力和媒介素养。在这里，我们在品牌产品的生产者能够确保其品牌产品质量思维的前提下，主要针对以品牌传播策划者为主体的品牌经营者，探讨其应该具备哪些品牌素养。

品牌素养是后品牌时代广告策划者的品牌认知的必要升华，是在传播市场上维系品牌定位、品牌重新定位以及升级品牌等所必需的知识结构和技能。品牌策划者应该具备的专业素养，除了要掌握消费者心理学、传播学、营销学、商品学和传媒社会学等一般意义上的广告策划专业知识外，还要注重知识更新和技能提高的与时俱进，关注 大数据、云计算、AR、VR 等先进的媒介工具，尤其要关注正在突飞猛进的人工智能新形态对商业传播效果的影响。品牌策划者不一定是开发传媒技术的高手，但他们一定是最先了解先进技术之应用，并在品牌传播策划中有效使用媒介新技术的先行者。

品牌是无形的，但不是虚无的，在这个时代，品牌更不是只靠广告语或几句广告文案就能使人记住的。品牌的生命力在于文化创新，而文化创新的最高境界在于思维创新。因此，广告品牌的经营者一定要深谙人文意识与商业动力在这个时代的交互影响，坚守文明底线，以人为本拓展商业文化空间，要公益之心常在，将品牌利益建构在服务于人性健康发展的基础上，以品牌的社会效益拉动经济效益。

---

① 波特.媒介素养[M].李德刚，等译.北京：清华大学出版社，2012：13.

近年来，在社交网络环境下，人们经常使用的"境界"与"格局"等词语，正是社会公众发自内心的呼唤。品牌经营者在品牌意识成熟之后，更需要提高自己的品牌素养。懂品牌，才能珍视、爱护并守住既有的品牌价值，将有限的品牌资源用在刀刃上。品牌素养决定了现代媒体（包括传统媒体和各类新媒体）的品牌传播力、公信力和影响力，具有极为重要的现实意义，也具有现代品牌管理的理论意义。

品牌素养的核心是善用媒介，品牌策划者可以通过建构策划团队而使自己在技能上配齐"长枪短炮"，但是这些工具层面的内容不应该是品牌经营者尤其是策划者的着力点。网络社交平台的新语境已使关于品牌的声音多元化，品牌旋律再也不是品牌经营者可以一手掌控的单向乐章。信息技术正在"使我们经历人类经验中划时代的转变，这种转变将超越时间、空间和权力"[①]。具有超媒介功能的互联网以及日益普及的移动终端使人人都可以变成媒体，草根信息平台的共享性与互动性，在加速信息流通的同时往往使讯息真假难辨。社交平台上"谣起谣落"，它们既可以成就品牌，又可以打破品牌神话。因此，品牌经营者必须充分利用自身的媒介权益为品牌的成长保驾护航，必须站在品牌（传播）管理的高度洞察品牌舆情的发展动态，发现媒介受众或目标用户的需求提示，加强品牌传播策划的针对性和精准性，正面引导品牌用户的消费体验和消费意愿。

要点小结

◎ 数字营销："万物皆媒体"，传媒技术驱动下的数字营销使传播内容的分享、转发、扩散、互动响应、即时反馈等达到了前所未有的速度；使品牌传播内容的渗透力和影响力达到了前所未有的程度；使用户对品牌的体验和意愿表达达到了前所未有的程度。

◎ 品牌的年轻化：这意味着在新的品牌传播语境下，老品牌的内涵需要重新定位或升级，也意味着要把品牌市场直接对准年轻用户。

◎ IP：在互联网聚集力的催化下，IP已经从"知识产权"这一术语被广泛

---

① 莫斯可. 数字化崇拜：迷思权力与赛博空间[M]. 黄典林，曹进，译. 北京：北京大学出版社，2010：2.

应用到商业品牌领域，使原本品牌定位中的"差异化"更具独占性内涵、走向 IP。当代品牌拟人化的趋势与媒介技术工具的结合，为品牌经营者的文化创意拓展了更大的空间，成就了一个又一个虚拟化人物的大 IP。

◎ 体验性与体验经济：体验性是人的感官得到某种享受价值的感觉属性，是直接反映人们心理体验以及获得感、存在感等精神层面的表达术语。它直接反映了人们能否得到心理或生理上某种美好的享受价值。技术赋能不断优化媒介的体验性，而品牌策划与文化创意则能够提高用户的媒介内容体验。体验经济指用户通过对媒体品牌或媒体所传播的产品品牌内容的良好体验，成为媒体的忠实用户或媒体传播产品品牌的转化者和购买者，从而产生经济效益的一种经济活动。

◎ 意愿经济：这一个非常契合当代数字媒体传播语境的概念，是媒介受众或目标用户根据自己对品牌的良好体验而成为品牌消费者的经济行为以及因此而产生的效益。意愿经济是继注意力经济和体验经济之后，尤其是进入数字媒体传播时代后，学者们揭示出来的一个新维度。

◎ 品牌素养：维系品牌价值和形象的是品牌所有者与品牌传播者的品牌素养，其三大基石是个人定位、知识结构和技能。对于品牌经营者而言，品牌素养是其坚守品牌的产品质量、挖掘品牌内涵、诠释品牌文化、构建品牌价值、创新品牌的差异化个性、实现品牌年轻化或 IP 化升级以及应对品牌危机的公关能力和媒介素养。品牌的生命力在于文化创新，而品牌素养的核心是善用媒介权益。

案例五：品牌年轻化和IP化数字营销策划

——从雕牌虚拟化IP人物"雕兄"看广告策划的传播策略

雕、洗衣粉，二者何干？殊不知，雕是一种猛禽，还是某些民族的图腾。那句气势磅礴的"只识弯弓射大雕"被我国人民传诵至今。按照雕牌官网的说法，由于雕这种猛禽常年翱翔在天空，又筑巢于悬崖绝壁之上，它们经常啄食腐败的生物，可以说先天带有清洁卫士的天职，能够尽到保护生态环境之责，如此，雕便有了"卫生清道夫"之寓意。很明显，当初生产企业将洗衣粉产品取名为"雕"，意在传达该品牌洗衣粉所具备的清除污垢、杀菌灭渍等"卫生清道夫"的功能与力量。

早在1999年，位于浙江丽水的纳爱斯集团就建成了世界上第四台全自动喷粉设备，集团采用"高档产品大众化"策略，推出了一款物超所值的洗衣粉——雕牌洗衣粉。随后凭借"只买对的，不选贵的"和充满亲情的"妈妈，我能帮你干活了"等具有感染力的广告诉求，使"雕牌洗衣粉迅速铺开至全国各地，并一跃而成为行业的龙头。纳爱斯洗衣粉的成功，直逼洋品牌大幅降价，使6元多一包的洗衣粉跌至2至3元"[①]（见图5-3）。

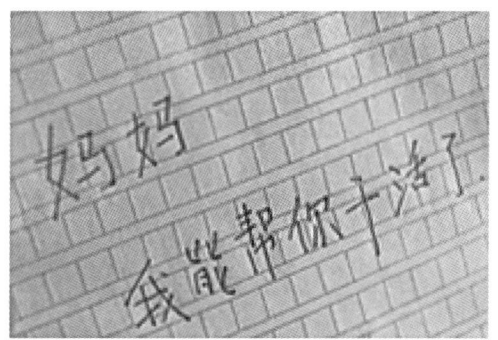

图5-3 纳爱斯集团生产的雕牌洗衣粉产品和投放市场的广告

---

① 信息内容和图5-3摘自纳爱斯集团官网 [2018-03-3]. http://www.cnnice.com/.

时隔 18 年之后的 2017 年，一个由电脑创作的虚拟化人物"雕兄"在网上迅速走红。这位雕兄外形既不像猛禽大雕，更不是雕牌洗衣粉的物料外形，而是一个利用电脑虚拟创作、拥有 IP 的人雕形象（见图 5-4）。

图 5-4　2017 年纳爱斯推出的虚拟人物"雕兄"[①]

显而易见，这位雕兄从外形风格上与纳爱斯集团的 Logo——那只在蓝天与红海中展翅飞翔的白色雕影之艺术造型相去甚远，也与雕牌产品的商标——一个苍劲有力的手写体"雕"字大相径庭（见图 5-5）。雕兄是在现代数字营销策略下，为追求品牌的 IP 化，以数字技术创意完成的拟人化的品牌新符号。

图 5-5　纳爱斯集团的 Logo 和雕牌产品的商标[②]

对雕兄这个看起来有些幽默的符号如何解读？如果用 2000 年以后出生的这些年轻人的话语表述，就是雕兄具有"贱""萌"等特质。这位经常在网上"耍贱""卖萌"的雕兄很快就在社交媒体上走红了。2017 年上线一个月，其新浪微博上的官方账号"雕牌雕兄说"就收割了 55 万的粉丝，之后上升到 66 万，这

[①]　图片来自纳爱斯集团有限公司微信公众号"雕牌雕兄说"，2017-12-27。
[②]　图片来自纳爱斯集团官网 [2018-03-30]. http://www.cnnice.com/.

使近年来有些沉寂的雕牌又一次跃入人们的视野。如今，雕牌的年销售额已经从6万元增长到190亿元，成为中国洗涤剂市场本土品牌中的翘楚。

一、以雕的精神成就本土洗涤剂品牌

1. 雕牌意味着什么

2016年年底，一篇《从6万元到年销190亿，位居全球第五，被宝洁视为真正对手，胡润富豪榜却对他一无所知！》[①]的推文引发了人们的关注。这篇推文虽然是从纳爱斯集团董事长兼总裁——庄启传写起的，但却向我们展示了一个人们经常看到或听到但就是意识不到的本土洗衣液品牌——雕牌：如今它已经脱颖而出，跻身于全球市场。文中这样描述"他"和雕牌：

他将一个以万元起家的化工厂，打造成190亿的国内洗涤用品领军企业，位居世界第五；他领导的企业被宝洁视为最大对手，多次主动"示好"，却被他断然拒绝；他旗下企业拥有雕牌、超能、纳爱斯等著名品牌，却低调得过分。"胡润百富榜"都搞不清他的财富，只能将他列为"隐形富豪"；他就是纳爱斯集团董事长兼总裁——庄启传。

如今，雕牌已经从年销售6万元发展到年销售190亿元，成为宝洁真正的对手。业界周知：在全球竞争惨烈的日化行业，宝洁"带头大哥"的地位难以撼动。不过，宝洁全球总裁到中国做调研后，曾说了这么一句话：纳爱斯是个很有文化底蕴的公司，今后宝洁在中国的真正对手就是它。"水没有流到的地方，雕牌洗衣粉都卖进去了。"[②]从宝洁对纳爱斯这个竞争对手的评价中不难看出这个外资巨头对纳爱斯的忌惮。其间，宝洁为了与纳爱斯合作，竟然开出了合作条件由纳爱斯定的"空白合同"，不过还是遭到了庄启传的婉言谢绝。不仅如此，纳爱斯的强势发展还让宝洁被迫打破常规：作为世界500强的宝洁，在业内只有它叫人家贴牌生产，从来没有为人家贴牌生产的事，但在中国，不仅宝洁，还有汉高，都在"例外"地为纳爱斯雕牌洗衣粉贴牌加工。

---

①② 李东阳. 从6万元到年销190亿, 位居全球第五, 被宝洁视为真正对手, 胡润富豪榜却对它一无所知! [EB/OL]. [2016-12-05]. http://www.vccoo.com/v/f8a7pb.

寻根思源，今天的纳爱斯集团前身是一家于1968年由一批老干部创建的丽水化工厂，当时依靠6万元起家，只生产单一的产品——肥皂。1984年年底，丽水化工厂停工停产，职工靠上街卖肥皂抵工资，庄启传被推上化工厂厂长的位置。他找到"老大哥"上海制皂厂合作，为对方做代工以学习先进技术，又从国外引进更先进的技术与设备，开发出一款被称为"世界一流精品"的自有品牌——纳爱斯香皂。看到这里，我们有理由相信今天的纳爱斯当然也能做出世界精品级的本土洗衣产品。1992年3月，丽水化工厂与香港丽康公司合作成立了浙江纳爱斯日用化学有限公司，很快开发出一种全新的肥皂——雕牌超能皂。

正是这款超能皂，第一次在外包装上启用了一只大雕来意指产品的去污能力，于是，纳爱斯企业的Logo——大雕就这样腾空而起了（见162页图5—5）。毕竟，新产品进入市场困难重重，于是企业决策者毅然决定——赠送。他们通过一种公益性质的方式，让雕牌得到了口碑，形成了品牌的影响力。"雕牌迅速打开市场，并一跃成为中国肥皂市场的老大，其利润一度夸张地占到全行业的99.3%。"[1]雕牌首先以洗衣皂产品赢得了消费者对品牌的认可。

1998年，我国的洗衣粉市场可以说格局已定：宝洁、联合利华和汉高三大巨头已经瓜分了主要城市，农村地区则由奇强洗衣粉一家独大。业内有人抱怨洗衣粉市场饱和，建议国家提高准入门槛，而纳爱斯的决策层却发现了外资洗衣粉的劣势——价格高，缺乏中低档产品。于是，他们决定花巨资建成当时全国最大的全自动喷粉塔，生产雕牌洗衣粉（即本案例开始时提到的1999年纳爱斯建成了世界上第四台全自动喷粉设备）。终于，他们生产出了成本较低、能以低价销售的雕牌洗衣粉产品。这里必须强调，在国际三大洗涤剂品牌大兵压境、国内洗衣粉市场趋于饱和的激烈竞争氛围下，雕牌洗衣粉之所以能够突出重围，直接得益于一系列打动人心、在当时而言独具特色的广告。至今，电视观众们还对《懂事》篇电视广告有深刻的印象：在充满温情的下岗女工家里，女儿说"妈妈，我能帮你干活了"。这条广告早已成为经典案例，成为广告学专业课堂教学的必选案例。

在产品进入市场的阶段以及成长阶段，雕牌在营销传播上以一系列充满温情与亲情的广告诉求，将品牌定位在"温情与爱"的渲染中，从而牢牢抓住

---

[1] 李东阳. 从6万元到年销190亿，位居全球第五，被宝洁视为真正对手，胡润富豪榜却对它一无所知! [EB/OL]. [2016-12-05]. http://www.vccoo.com/v/f8a7pb.

了那个时代一批下岗女工以及众多消费者的心理。同时，凭着质优价廉的优势，雕牌产品成功地挤进了当时接近饱和的洗衣粉产品市场，并在第二年就创造了全国销量第一的好成绩，成为宝洁口中"能卖到水没有流到的地方"[①]的洗衣粉。之后，已经找到市场"入口"的纳爱斯集团陆续将洗洁精、洗衣液、牙膏等大日化产品推向市场，不断拓展品牌的市场疆域。时至今日，以雕牌为核心，纳爱斯集团旗下的众多品牌和品类产品销售依旧位居我国日化产品和消费领域的前列（见图5-6）。

图5-6　纳爱斯集团旗下的品牌与品类产品群[②]

毋庸置疑，纳爱斯与雕牌，都是在传统体制下诞生的传统品牌，却与世界著名品牌抗衡至今，依旧以相对稳定的市场份额，活跃在人们日常使用的日化快消品中。在将近20年的市场竞争中，雕牌的生命力何在？这是非常值得本土品牌，尤其是日化类快消品牌思考的问题。这期间，国家的产业政策在变，消费者的需求在变，国际著名日化类品牌与之竞争的格局在变，媒介不断数字化和移动化的传播环境也在变化。作为一个传统的老品牌，雕牌是如何紧跟消费者的需求变化，适应日新月异的媒介传播环境，应对变幻莫测的国际竞争市场，从而使自己傲立于市的呢？其中重要的途径，就是不断运用使品牌年轻化的广告营销传播策略，实现雕牌这一品牌形象的年轻化重塑与IP升级。

---

① 李东阳. 从6万元到年销190亿，位居全球第五，被宝洁视为真正对手，胡润富豪榜却对它一无所知！[EB/OL]. [2016-12-05]. http://www.vccoo.com/v/f8a7pb.
② 图片来自纳爱斯集团企业官网[2018-03-30]. http://www.cnnice.com/.

2. 雕牌作为老品牌如何实现年轻化

老品牌要不断抓住一代又一代的产品消费者，那如何凸显具有时代感和新鲜感的品牌形象呢？这是雕牌必须面对的问题。近两年，纳爱斯集团及其品牌营销策划者向市场和消费者展示了雕牌正在年轻化这一令人惊喜的品牌进化活动。

"新家观"刷新了雕牌的品牌形象。2016年三八节前后，雕牌以一系列"新家观"为主题的品牌传播物料直接"逼近"消费者：纳爱斯在全国8个城市开启了38列以"新家观号"命名的地铁专列。"这38列地铁被#雕牌新家观#体的插画装扮一新，80张'雕牌新家观'海报将整列地铁装点得妙趣横生。除此之外，它们还推出了系列GIF海报和H5，用魔性的插画＋段子式的文案为80后、90后带来了80个可以改善家庭关系的锦囊。随后，精选的#雕牌新家观#也以短视频的形式在秒拍等视频网站热播，同时，一条名为《五千年家观简史》的视频也在各大视频网站上线，以幽默逗趣的方式梳理了中国五千年来家庭观念的变化。"[①]（见图5-7）

图5-7　"雕牌新家观号"地铁海报

于是，人们在自己印象中那个大大的"雕"字上又加上了"雕牌新家观"这样一个全新的概念。"新家观"是什么？这是纳爱斯集团及其品牌传播策划者通过调研与分析，在洞察到80后、90后的家庭观念后，为品牌确立的一个核心主张，亦可称为"雕牌"针对新时代消费者的特征。它是纳爱斯集团为实现品牌转

---

① 云图的世界．"雕兄"是如何成为一个拥有近60万粉丝的"萌贱"网红？图文转载自SocialBeta，2017-04-26.

型而对自己的重新定位。纳爱斯及其品牌传播策划者将品牌消费者和媒介目标受众锁定为 20 世纪 80 年代和 90 年代出生的女性——目前多数已经立业、成家，进入养育子女、赡养老人的家庭生活状态。她们头脑中关于家庭的概念建立在自身对爱情、亲情、子女、老人等家庭诸多关系的全新理解上，独立且理性，自强而兼顾，一般不会多听父母辈老人的教诲，但却同样有情有爱，要家庭也要事业，具有新时代年轻人的显著特征。更重要的是，针对日化快消品的产品品牌消费，她们是家庭购买决策的主导者。纳爱斯及其品牌传播策划者认识到，雕牌必须在新时代的环境下提出更加贴近这些 80 后、90 后心理特征的品牌主张，于是他们将情怀、家庭与品牌连接在一起，倡导"有情有家有雕牌"的核心主张，力图以 80 后、90 后人群的语言和生活方式更好地与她们进行品牌文化层面的沟通。

这次"雕牌新家观整合传播"的策划与执行，使纳爱斯及其品牌策划者们在 2017 年网赢天下网举办的"金鼠标数字营销大赛"中获得了全场大奖提名、最佳创意表现奖和跨媒体整合类金奖。现摘录网赢天下网上关于这次策划与执行的部分描述：

案例名称：雕牌新家观整合传播[①]

广 告 主： 纳爱斯

所属行业： 日用快消品

执行时间： 2016.3.1—2016.3.31

所获奖项： 全场大奖提名 最佳创意表现奖 跨媒体整合类金奖

获奖单位： 英扬传奇 & 喜邑互动

营销背景：

作为国内知名度最高的日化品牌之一，雕牌却被贴上了"妈妈那一代人的老牌子"的标签，品牌老化已是不争的事实。因此，一向以走心著称的雕牌需

---

① 案例摘自网赢天下网. 金鼠标数字营销大赛."雕牌新家观整合传播"［EB/OL］.［2017–09–18］. http://www.17emarketing.com/html/anli/2017/0511/6615.html.

要与80后、90后新一代家庭形成共鸣，刷新品牌形象，让品牌年轻化。

曾经深入人心"有情有家有雕牌"的品牌主张，如何在互联网时代延续，俘获年轻的80后、90后目标群？

营销目标：

让雕牌品牌年轻化。

策略与创意：

我们发起一场#雕牌新家观#运动，以时代洞察为背景，向年轻人倡导新的家庭观念，用互联网时代年轻人的风格创作正能量内容，在年轻人接触点进行社会化的全面传播。

80后、90后人群已习惯媒体的碎片化，因而我们从消费者接触点出发，从传统媒体到互联网全面覆盖，按不同媒体消费者属性创作不同的内容，以求丰富演绎、深入沟通。

● 3月8日，北上广深等全国8大城市，38列"新家观号"地铁专列，充满正能量的80个#雕牌新家观#强势引爆；

● 3月8日，国内主流纸媒《新民晚报》，以38个版面全新创意形式投放#雕牌新家观#，话题再度升温；

● 微博战略级合作，精准引导触发网友热烈评论，#雕牌新家观#迅速登上微博热门话题榜，明星夫妻借话题秀恩爱，让#雕牌新家观#深度扩散；

● 在微博微信，创作#雕牌新家观#趣味H5引发消费者刷屏互动；

● #雕牌新家观#短视频及自媒体+网络红人深度共创，引发更深层次的社会化话题热议；

● #雕牌新家观#全国销售终端及电商全面接水，品牌刷新直达终端，引发销售狂潮。

执行过程 / 媒体表现：

- 80 个 # 雕牌新家观 #

● 38 列 "新家观号" 地铁专列，#雕牌新家观#强势引爆

3月8日，全国8城地铁共驶出38列 "新家观号" 专列——北京、上海、广州、深圳、杭州、武汉、沈阳、苏州的地铁上齐齐被#雕牌新家观#体的插画装扮一新。80种年轻、走心、个性张扬的新家庭观点以及独特的插画风格，将整列地铁装点得妙趣横生，瞬间抓住了乘客的眼球。

● #雕牌新家观#《新民晚报》创新投放，话题再升温

当天，打开上海《新民晚报》，38个版面的#雕牌新家观#实现了整份报纸的全覆盖，使话题再度升温。人们随处可见张扬个性的新一代家庭观点。

新颖的刊登方式、新锐的内容，引发了强烈的反响与话题，#雕牌新家观#成为朋友圈热门刷屏事件。

● 微博战略级合作，精准触发、引导网友热烈评论

雕牌地铁及报纸事件，让#雕牌新家观#迅速登上微博热门话题榜，更让李小鹏、李安琪、陆毅、鲍蕾等明星夫妻得以借机在微博上互动秀恩爱，将#雕牌新家观#扩散，引发全网热议，其中#雕牌新家观#话题微博端阅读量达到3.3亿次。

#雕牌新家观#微博热门话题

<http://weibo.com/p/100808eb1365e58e3dc42c811a87f94c4d3e3d>

雕牌新家观，戳中你三观

<http://video.sina.com.cn/view/250506992.html>

● #雕牌新家观# 趣味 H5 在微信朋友圈及微博引消费者刷屏互动

#雕牌新家观#H5——"改善家庭关系的 80 个锦囊""测一测刷新三观"在微信微博平台与网友深入互动,引发刷屏狂潮。

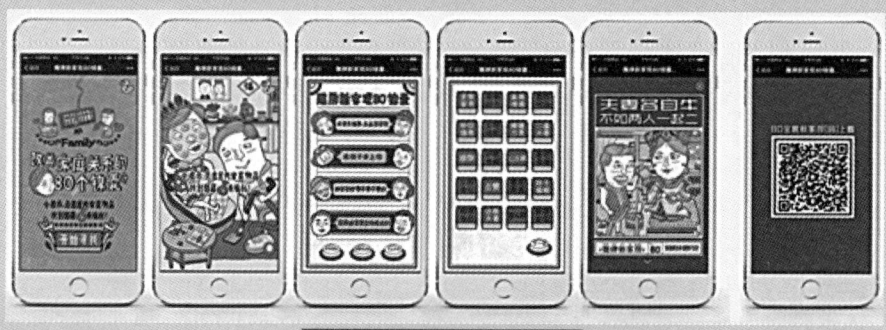

● #雕牌新家观#短视频及自媒体深度共创，引发更深层次的社会化话题

　　幽默逗趣的《中国五千年家观简史》动画视频、精选的#雕牌新家观#15秒短视频在各视频网站上线热播，引发众多网红及自媒体对#雕牌新家观#进行再次创作，某些推文甚至引发了100万+的社会化深度传播。

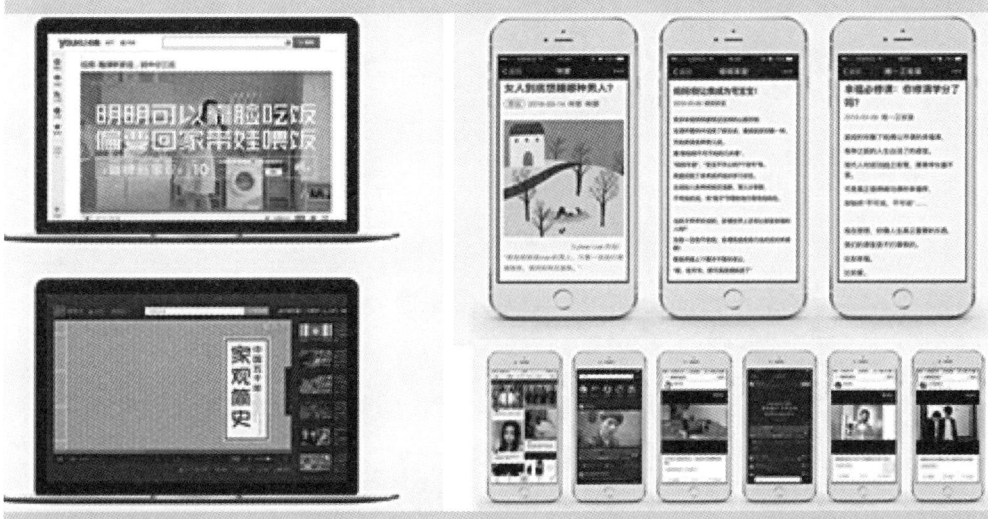

病毒视频：五千年奇葩家观演化雕牌新家观

● #雕牌新家观#销售终端及电商全面发力，品牌刷新直达终端，引发销售狂潮

　　全国家乐福及大润发等线下终端及线上电商端同步开展"雕牌新家观——三月女王节"销售活动，全面引发销售狂潮。

营销效果与市场反馈：

#雕牌新家观#传播运动引发了全媒体广泛报道与热议。

传播到达 品牌提升 销量支持：

微信端辐射人数超1956万；

视频网站播放量超1500万次；

微博话题#雕牌新家观#阅读量达3.3亿次，累计曝光量超9.5亿次；

超过1000家自媒体主动热议及创作；

超过60家电视台、300家主流媒体（电视、纸媒及网媒）主动报道；

获得相当于10,000,000的免费媒体价值；

#雕牌新家观#成功刷新品牌形象；

销量比去年（2016）同期提升310%。

> **评委点评：**
>
> 和中国过去传统大家庭的生活方式相比，现代的小家庭因社会的变迁而发生了变化。作为一个日用品牌，雕牌也需要面对现代目标消费族群，要改变他们对雕牌的印象。这次活动以精准的广告讯息，打响了户外广告的第一炮，从而让消费者愿意在微博微信上自动转发"新家观"。后续的病毒式视频以及社交媒体的运用，更得到了消费者的共鸣。这是一个很完整的整合营销案例，用打动消费者的广告语言，加上大量的媒体投放以及优化的社交媒体组合，使消费者对雕牌的印象发生了改变。
>
> 高务修/IDG 数字媒体集团首席运营官

如上，之所以把"雕牌新家观整合策划"这一获奖案例尽量全面地展示在这里，旨在使读者看到：雕牌作为一个老品牌，其年轻化的营销传播是借助数字化媒体的数字营销与整合传播这样的媒介渠道来实现的（包括地铁实体媒体的人群触达与体验）。没有数字媒体在短期内的网络扩张性传播和创意符号的病毒式传播，雕牌就难以形成爆发式讯息流去冲刷老品牌的传统记忆，建立雕牌年轻化的品牌新形象。

雕牌的年轻化不仅意味着品牌的重新定位，还意味着将品牌从实用性的"雕"字——清洁卫士概念上升到拥有"新家观"的品牌文化层面，更意味着为品牌的升级拓展出巨大的文化创意空间。在此之后的 2017 年，纳爱斯及其品牌策划者们策划与创意的虚拟化 IP 人物"雕兄"的问世，正是这一品牌发展逻辑的突破性成果。

二、雕牌数字营销的 IP 化升级

1. 雕兄是谁

面对 80 后和 90 后等新生代用户，纳爱斯集团及其品牌的策划者——广东英扬传奇（后文简称"英扬传奇广告公司"），为了更直观且更有趣、有效地传达"新家观"这一核心理念，依照这些越来越年轻的用户对"萌""贱"等人物个性特征的追捧，选择和创意了一个"讨巧的策略——拟人化的IP"①，于是雕兄问世（见图5-8）。

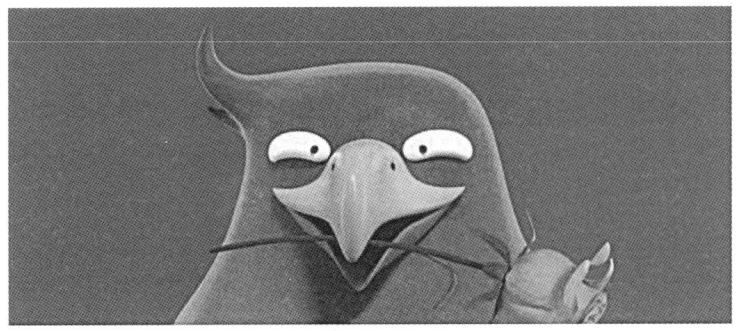

图5-8 雕牌的拟人化IP人物"雕兄"

这位拟人化的雕兄是一个符号，其有些"讨巧"的外形成为品牌和用户之间的一个新的沟通媒介。"他"憨直、有趣、笨拙却不失善良，其造型给人一种"萌萌的"感觉，而行为举止又是"贱贱的"，这样的形象契合了现在年轻一族的心理。有调研显示，现代年轻人对"萌"与"贱"有着特殊的偏好（这一点有待于社会心理学的进一步探究），他们对传媒产品中一切具有这两种特质的符号都更关注、更有兴趣，雕兄正好能和他们"对上眼"。纳爱斯和广东英扬传奇＆喜邑互动广告公司首先采用了单体的雕兄符号化数字营销传播，首先"萌"住受众或用户的眼球（见图5-9）。

图5-9 雕牌新浪微博官方账号上的雕兄斗图

在纳爱斯集团的一系列自媒体上，这位雕兄"业余爱好广泛，喜欢RAP，拍了支说唱MV，最近混得风生水起的他更是接了部10集的系列电影：《雕兄大电影》全集。就这样，靠着卖萌耍贱混迹娱乐圈，雕兄在微博上坐拥近60万粉丝，

---

① 云图的世界."雕兄"是如何成为一个拥有近60万粉丝的"萌贱"网红？图文转载自SocialBeta，2017-04-26.

开挂走上'雕生'巅峰"[①]。

当雕兄这一符号逐渐在网络走红,引发之前一些非品牌用户的现象级转发而成为一个新的"网红"之后,纳爱斯集团和英扬传奇＆喜邑互动广告公司便结合"雕牌新家观",将单体的雕兄符号化,进行数字营销传播,将雕兄进一步提升为以"新家观"为核心的内容化数字营销传播,从而展示了一位以"萌"而成为"网红"的雕兄如何"贱"在了自己的家庭观念中(见图5-10)。

图 5-10　雕牌自媒体上的"新家观"

[①] 云图的世界. "雕兄"是如何成为一个拥有近60万粉丝的"萌贱"网红？图文转载自 SocialBeta,2017-04-26.

现在，在雕牌的新浪微博官方账号上，尽管雕兄已经改名换图，网友们依然紧追不放，而这位曾经"黏"住无数用户的雕兄已将与产品更相关的符号推到了网友或用户面前。请见这组互动（见图5-11）[①]：

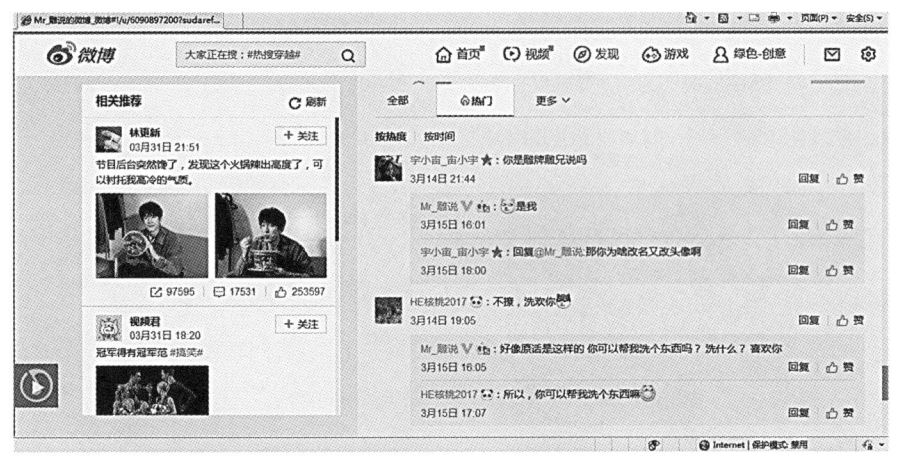

图5-11　2018年3月"雕兄说"新浪微博截图

——不撩，洗欢你，

——好像原话是这样的，你可以帮我洗个东西吗？洗什么？喜欢你。

——所以，你可以帮我洗个东西嘛。

可见，一切都随着时间浮出了水面：符号的吸引力在于汇聚人群，黏住和发展更多的网友去关注雕牌产品。雕兄在聚集了一定量的"迷妹""迷弟"后，很快便把他们带到产品概念上，直接将他们引入产品的消费领域。

2. 雕兄是IP吗

"IP"，本是一个释义为"知识产权"的专用术语。但是，基于现代互联网聚集人气、"涨粉"的属性和功能，目前这一术语已被广泛用于网络文学、游戏以及娱乐传媒等多个领域。那么，源于雕牌的这一商业品牌，这个外形憨憨、既萌又贱的雕兄，为什么业界称之为"虚拟化IP人物"？雕兄与IP有什么关联？这位雕兄是IP吗？

这里，答案是肯定的：雕兄是雕牌这一商业品牌的IP化升级，雕兄是使老品牌年轻化的有效策略。从雕牌到雕兄，这一案例使我们发现：IP走进品牌，"泛化"

[①] 资料来源：新浪微博纳爱斯雕牌官方账号，2018-03-30.

了"知识产权"的本体内容，纳爱斯通过雕兄向网络用户（包括现有消费者和潜在消费者）传达了纳爱斯企业产品品牌的"雕牌新家观"，将其作为自家洗涤剂产品品牌与其他竞争品牌之间的独特差异，在中国人的家庭文化方面表现得更加鲜明、更加突出、更加独特。雕兄的品牌文化内容吸引和黏住了更多的网络用户，使纳爱斯雕牌的差异化具有了独占性，使雕牌的品牌符号（雕兄）变成了由文化创意所产生的知识版权——这正是品牌的 IP 化过程。之后，雕兄被带入 IP 领域，成为一个相对独立的 IP。

依照传统的品牌理论，雕兄的出现不仅仅是对品牌的重新定位。当雕牌以"新家观"为内容进行品牌营销传播时，纳爱斯集团实际上已经完成了一次针对雕牌的差异化品牌新定位，一改源于"雕"字本身的"清洁卫士"的品牌形象。雕兄的出现，是纳爱斯集团对雕牌这个老品牌从内容到形象的"内涵式"升级。依靠这位"既贱又萌"而红遍网络、成为萌货界典范的新晋"网红"，雕牌的形象从当年《妈妈，我能帮你干活了》的温情电视广告形象，华丽转身而成为一位在家庭成员中唠唠叨叨、贱贱憨憨、深情款款、爱意满满的雕兄，在年轻化的同时人情味大涨，一跃而成为一个既满载时尚元素又以人为本、具有独特品牌文化观的大商业品牌。

三、雕牌在数字营销中的品牌体验性

如今，回望雕牌在品牌需要重新定位时推出的以"新家观"为品牌文化内涵的营销传播，反思雕兄快速"涨粉"的内容营销过程，可以说，一切都离不开数字营销传播。只有数字营销传播才能给消费者或用户带来深度的体验性，只有数字营销传播才能使 IP 化的雕兄产生病毒式的转发推广和话题流量，进而升级为大 IP，最终实现纳爱斯旗下品牌——雕牌的升级。

1. 雕兄成为大 IP 的流量由何而来

数字传播中的雕兄之所以能够由 IP 迅速升级为一个大 IP，作为文化创意产品的创作或创意依据，雕兄以及大 IP 为何能获得大流量，是因为二者具有同理性：

第一，从"雕牌新家观"开始，纳爱斯集团和英扬传奇广告公司就把重点放在了受众最容易聚集的数字媒体传播渠道上，它们通过精彩的图片内容和视频内

容物料投放,吸引并启动了用户的互动传播过程。"据雕牌内部的数据,微信人工智能"雕牌雕兄说"上线以来,用户参与度呈波段式增长趋势,配合传播资源的引流,最高日访问量超过 20 万,全天 24 小时均有用户参与互动;粉丝数量持续增加,较智能模块上线前,增幅超过 20%。"① 相比雕牌之前所有的品牌传播推广阶段,整合传播获得了最佳的全媒介全符号营销推广效果。

第二,从"雕牌新家观"的品牌文化开始,到雕兄的品牌符号化传播,纳爱斯集团和英扬传奇广告公司始终站在以文化创意传播品牌内容的高度,关注品牌故事化过程中的内容深度和意识层级,既注重对生活细节的解剖,也提炼对思想层面的感悟,使一次次承载品牌讯息的物料投放内容既入世又脱俗、既平凡又聪慧,使品牌的文化气息与用户的价值观高度契合,由此收到较好的内容营销的效果(如图 5-12)。

图 5-12 纳爱斯微信公众号"雕牌雕兄说"的内容截图

---

① 云图的世界."雕兄"是如何成为一个拥有近 60 万粉丝的"萌贱"网红?图文转载自 SocialBeta,2017-04-26.

2. 雕兄的品牌体验性何在

第一，"撩"带来的体验性。要想与用户心理契合，不一定非要靠在文字语言上投其所好，可以通过用户的有感体验让他们由心而动。作为商业传播的品牌广告，一般是很难得到用户青睐的。于是，纳爱斯集团和英扬传奇广告公司集合了"广告界文案高手+网络段子手+原中科院人工智能团队等，共同打造了微信人工智能平台'雕牌雕兄说'。在这个人工智能的微信公众号上，消费者可以直接与雕兄'开撩'，实现'聊天+斗图+唱歌'的功能。因为活跃的用户体验，聊天截图被越来越多的人分享和二次传播。上线短短十天，自传播已经引发数十万人关注互动"[①]。在这里，我们看到了"开撩"带来的体验性，这与人类愿意接受挑战的天性完全契合。

第二，技术赋能的体验性。传媒科技的发展赋予了营销作品在媒介及符号表现上更强的能力和更大的空间：其一，电脑技术下的雕兄，其虚拟性扩大了他"憨厚+呆萌+耍贱+善良"的性格跨度，不是鸡汤胜似鸡汤，使之在似人非人之间成为一个被理想化了的"符号"，自带无比的新奇感，对广大网民和品牌用户而言有一定的吸引力和新鲜体验感。其二，用户扫描"雕牌新家观"海报以及各种营销广告或媒介平台上的二维码入口，"分分钟"就可以触达品牌。其三，伴随着纳爱斯集团不断完善的人工智能平台，用户与品牌之间的互动更加密切，用户通过一个移动终端就能观赏佳作、选择产品、直达购买路径，能够体验到更加快捷的服务和更好的品牌利益。

第三，数字媒体全符号传播的体验性。数字媒体全符号传播的冲击力所产生的感官体验性，雕牌也做到了。除了关于"雕牌新家观"的海报、插画、动漫、MV以及各种雕兄表情包，雕牌还通过一部《雕兄大电影》，使消费者看到并细腻地感受到了雕兄作为"国民男闺蜜"的形象。针对现代女性，尤其是80后、90后带有"后现代主义"特性的女性群体，雕兄在憨态中的逗趣、在卖萌间的耍贱、在聪慧中的小机智和小清新等性格，几乎完全符合年轻人的口味，是一道十足的迎合当代年轻人的"菜"。这便使"雕牌新家观"的观念营销句句瞄得准，使目标受众或用户个个"躺枪"。于是，雕兄这个被媒介化了的符号打动了受众人群

---

① 云图的世界."雕兄"是如何成为一个拥有近60万粉丝的"萌贱"网红？图文转载自SocialBeta，2017-04-26.

的心理并与她们形成了共鸣,雕牌以此为基础的品牌差异化形象便水到渠成。雕兄,这个全符号化的讯息通过整合传播让人们记住了一个崭新的、年轻的雕牌,一个能够赢得年轻消费群好感和信任的雕牌。

综上,从品牌重新定位这个目标看,"雕牌新家观"从 2016 年三八节开始,利用八个城市的地铁战役以及之后全年各个节日的营销机会,在市场上形成了一轮又一轮品牌文化新理念的冲击波,将"新家观"映入了消费者的眼帘,融进了自己重新定位的品牌文化内涵中,从而使之成为雕牌新的品牌资产。

从品牌升级这个目标看,雕兄成了雕牌品牌 IP 化升级过程中一个媒介化的、标志性的不可或缺的载体。这位虚拟人物雕兄的 IP,在内容上承载了我国传统文化与现代文化的交集中,现代年轻人关于家庭情感关系的价值取向;在形象上迎合了现代年轻人的审美情趣。在得到流量转发和推广而升级为大 IP 后,雕牌不仅实现了年轻化,还增强了自己的品牌文化差异性。

从雕牌数字营销传播的策划与执行效果看,这是一次贯穿始终的文化创意品牌传播活动,是在传媒技术的驱动下对品牌数字化内容传播的创新。似人非人的雕兄符合时代流行的语境,切中了当代年轻人的情感脉动,与当下的数字媒体环境毫不违和。品牌策划者利用人工智能机器人打造出的雕兄暖男人格,抓住了品牌的目标受众,即 80 后、90 后这一代年轻女性的心理,拓广了雕牌的消费者群,之后又通过在微博等媒体平台上改变头像和引导话题,让形象引导产品销售,最终实现了品牌升级后的品效合一。

关键词与要义

☆ 雕牌品牌定位:雕身翱翔天空的企业 Logo+ 雕字的清洁卫士内涵

☆ "雕牌新家观"的品牌升级:面对年轻消费者传播"新家观"的数字营销

☆ 雕兄的 IP 符号化:人工智能虚拟人物 + 品牌拟人化 + 萌贱暖男

☆ 雕兄的大 IP 化品牌升级:数字营销产生大流量 + "新家观"影响

☆ 品牌整合重新定位:品牌升级需生产、经销和传播各环节协同发力

附　录

广告策划书的基本要项和表述内容[*]

基本要项

一、内容提要

二、市场环境分析

三、营销策略提案

四、创意设计提案

五、媒介投放提案

六、广告费用预算

七、广告策划效果预测

八、策划方案自评或专家评价

表述内容

一、内容提要

简约提炼策划书各个部分的内容要点，以一面 A4 纸或一张 PPT 为容量。

内容表述目标：使阅读者在 3—5 分钟内能够看懂该品牌策划案的创新点和效果描述以及相关创新点的科学依据。在效果描述中要明确与广告主品牌传播目标之间的关系。

二、市场环境分析

对影响品牌生命力的各个元素进行分析并得出结论，以直接指向第三部分的

---

[*] 关于广告策划书的基本结构，本书参考了广告人集团每年举办的"学院奖"大赛关于评阅广告策划案的几个基本标准。

营销策略并充当下面各品牌传播策略与实施方案的科学依据。

三、营销策略提案

这是重点，也是"内容摘要"的主要表述。这部分一般不需要出现广告品牌传播的具体活动细节，而是全面阐述品牌营销传播目标的内容：

1. 此次品牌传播活动的目标是什么？

2. 如何实现该品牌营销传播的目标？如全媒体的选择与使用、线上社交平台传播与线下活动如何结合、通过企业或品牌自媒体或社交微平台如何实现与电商信息的交互等。

3. 通过什么样的品牌传播活动达到某个目标？各个活动之间如何配合、相互促进？如何表述传播目标效果？

四、创意设计提案

针对"营销策略提案"中各活动项目提出可行性执行方案。

要求具体的活动时间、地点、参与者、活动规则（游戏的玩法）、使用的媒体（细化到具体的媒介载具）、效果预测等。

凡是公共关系活动、微平台社交互动、线下现场活动等，都需要有品牌的展示广告（或示意图）。

五、媒介投放提案

这里只呈现品牌整合传播中的硬广告部分，包括在媒体（包括互联网移动终端等）上出现的硬广告的时间、时长、时段或具体位置等，不用具体设计、创意出作品，但主题要统一，有作品构思描述即可。

六、广告费用预算

包括"媒介投放提案"中的硬广告投放费用、公共关系活动、社交平台微媒体以及线上线下活动的基本费用，以表格表示。

七、广告策划效果预测

预测性的简要概述，可以采用对比方法。

八、策划方案自评或专家评价

1. 评价该策划方案的可行性。

2. 预测品牌推广活动方案实施的可能效果。

3. 进一步对活动方案进行修改和完善，使其更可行、更有效。

参考文献

1. 黄升民，段晶晶．广告策划（第二版）[M]．北京：中国传媒大学出版社，2013．
2. 丁邦清，广告策划与创意[M]．北京：高等教育出版社，2011．
3. 丁俊杰，康瑾．现代广告通论（第三版）[M]．北京：中国传媒大学出版社，2013．
4. 陈培爱．广告策划与策划书撰写[M]．厦门：厦门大学出版社，1993．
5. 王忠诚．广告策划谋略[M]．北京：中国财政经济出版社，1998．
6. 马谋超．广告心理：广告人对消费行为的心理把握（第二版）[M]．北京：中国物价出版社，2002．
7. 潘哲初．现代广告策划[M]．上海：复旦大学出版社，1999．
8. 樊志育．另类广告学[M]．上海：上海人民出版社，2011．
9. 高萍，畅榕，等．广告策划与整合传播[M]．北京：中国传媒大学出版社，2007．
10. 张默闻．饮料卖味道——中国知名饮料品牌传播策划纪实[M]．北京：机械工业出版社，2017．
11. 王正在．广告方圆[M]．北京：新华出版社，2003．
12. 李欣频．广告拜物教[M]．北京：电子工业出版社，2013．
13. 苗杰．现代广告学[M]．北京：中国人民大学出版社，1995．
14. 李开复．微博改变一切[M]．上海：上海财经大学出版社，2011．
15. 谢晓萍．微信力量[M]．北京：机械工业出版社，2015．
16. 丁俊杰，陈刚．广告的超越：中国4A十年蓝皮书[M]．北京：中信出版社，2016．
17. 吴晨光．超越门户[M]．北京：中国人民大学出版社，2015．
18. 王晓华．广告效果测定[M]．武汉：中南大学出版社，2004．

19. 郑欣.空间的分割——新媒体广告效果研究［M］.北京：中国传媒大学出版社，2008.

20. 黄升民.大视频时代广告策略与效果测量研究［M］.北京：中国传媒大学出版社，2014.

21. 许正林.西方广告学经典著作导读［M］.郑州：郑州大学出版社，2009.

22. 鲍文杰.世界上最卓越的广告大师［M］.北京：工商出版社，1997.

23. 张学军.六个核桃凭什么：从0过100亿——智者情怀与工匠精神［M］.北京：中华工商联合出版社，2015.

24. 八八众筹.风口［M］.北京：机械工业出版社，2015.

25. 赵子忠.内容产业论［M］.北京：中国传媒大学出版社，2005.

26. 丁俊杰，李西沙，黄升民.IAI数字营销年鉴2016［M］.北京：中国传媒大学出版社，2016.

27. 王薇.互动营销案例［M］.北京：清华大学出版社，2015.

28. 王绍强.品牌整体设计——设计大学堂［M］.南宁：广西美术出版社，2011.

29. 董毓.批判性思维原理和方法［M］.北京：高等教育出版社，2010.

30. 怀斯曼.正能量［M］.李磊，译.长沙：湖南文艺出版社，2012.

31. 阿伦斯.当代广告学（第七版）［M］.丁俊杰，程坪，等译.北京：华夏出版社，2010.

32. 舒尔茨，海蒂·舒尔茨.整合营销传播——创造企业价值的五大关键步骤［M］.王茁，顾洁，译.清华大学出版社，2013.

33. 特劳特，里夫金.重新定位——定位之父杰克·特劳特封笔之作（珍藏版）［M］.谢伟山，苑爱冬，译.北京：机械工业出版社，2011.

34. 霍普金斯.科学的广告+我的广告生涯［M］.邱凯生，译.北京：华文出版社.2010.

35. 布莱恩特，兹尔曼.媒介效果：理论与前沿研究［M］.石义彬，译.北京：华夏出版社，2009.

36. 舒尔茨，田纳本，劳特朋.整合营销传播——谋霸21世纪市场竞争优势［M］.吴怡国，等译.呼和浩特：内蒙古人民出版社，1998.

37. 里斯，特劳特.定位［M］.王恩冕，于少蔚，译.北京：中国财政经济出版社，2002.

38. 克里斯塔基斯（古乐朋），富勒.大连接：社会网络是如何形成的以及对人类现实行为的影响［M］.简学，译.北京：中国人民大学出版社，2013.

39. 瓦茨.六度分隔：一个相互连接的时代的科学[M].陈禹，等译.北京：中国人民大学出版社，2011.

40. 阿尔·里斯，劳拉·里斯.公关第一 广告第二[M].罗汉，虞琪，译.上海：上海人民出版社，2004.

41. 贝格伯德.￥19.99——顶尖广告高手自曝行业内幕[M].孔丽茳，译.南昌：二十一世纪出版社，2005.

42. 柴田明彦.电通"鬼十则"——全球最大独立广告公司的DNA[M].郑燕，王婕，马洪月，译.北京：中信出版社，2013.

43. 肯罗曼，珍曼丝.贩卖创意——如何做广告[M].庄淑芬，译.呼和浩特：内蒙古人民出版社，1998.

44. 皮茨，路易斯.乔治·路易斯大创意[M].何辉，译.北京：中国人民大学出版社，2008.

45. 路易斯.广告的艺术[M].徐智明，高志宏，译.海口：海南出版社，1999.

46. 博顿.广告文案写作（第7版）[M].程坪，丁俊杰，译.北京：世界知识出版社，2006.

47. 本丁格尔.广告文案训练手册[M].谢千帆，译.北京：中国传媒大学出版社，2008.

48. 路易斯，皮茨.蔚蓝诡计[M].何辉，译.北京：华文出版社，2010.

49. 布莱恩特，汤普森.传媒效果概论[M].陆剑南，等译.北京：中国传媒大学出版社，2006.

50. 麦克卢汉.理解媒介[M].何道宽，译.北京：商务印书馆，2000.

51. 安德森.长尾理论[M].乔江涛，石晓燕，译.北京：中信出版社，2009

52. 金，莫博涅.蓝海战略[M].吉宓，译.北京：商务印书馆，2005

53. 比格内尔.传媒符号学[M].白冰，黄立，译.成都：四川出版集团四川教育出版社，2012.

54. 派恩，吉尔摩.体验经济（更新版）[M]毕崇毅，译.北京：机械工业出版社，2012.

55. 希尔斯.意愿经济：大数据重构消费者主权[M].李小玉，高美，译.北京：电子工业出版社．2016.

56. 伯杰.疯传——让你的产品、思想、行为像病毒一样入侵[M].乔迪，王晋，译.北京：电子工业出版社，2016.

57. 莫斯可.数字化崇拜：迷思权力与赛博空间[M].黄典林，曹进，译.北京：北京大学出版社，2010.

58. 波特.媒介素养[M].李德刚，等译.北京：清华大学出版社，2012.

后 记

在一种放松身心、放飞思想的情景下，写书的确是一种心灵上的享受，甚至是一种精神上的悟道。除了肩颈和腰身有所损伤，其余都可以用"美美哒"来进入中插休息。如果不是赶出版社合同约定的时间，真可以这样慢慢地写下去，一本接着一本，让思想慢慢流淌，追寻逻辑，抒发情致，甚至外溢得一发而不可收。键盘上出入自由的拾遗补缺，随时可以拥抱那些亦经典亦灵光亦巨著的东西，补镂空，开脑洞，沉浸在自我与本我的交往中，不断体验自己的认知元一次又一次地被放逐、被重构、被熔炼。

2015年9月，我结识了学校新的一届传播学研究生赵璐，并收其为自己的学生。寒假回来，她把一本书拿到我的面前：《六个核桃凭什么：从0过100亿——智者情怀与工匠精神》，因为之前她在生产"六个核桃"的企业实习过，有感于企业管理者和品牌经营者的良苦用心。于是，便有了本书的案例二：品牌定位的客观依据和文化取向——从"六个核桃"看广告策划的科学性。其他案例，也都有一些亲身体验过的感悟，不一一赘述了。

2007年，与广告学专业教学团队的小朋友们一起完成了一本普通高等教育"十一五"国家级规划教材：《广告策划与整合传播》。那个时候由于教材体系的完整性，案例难以尽情舒展，当时便留下了这个遗憾。2013年春季开始，我给传播学研究生开设"广告策划"课程，每一轮课程结束后便自然留下了十余个案例，件件都是材料充分、细节翔实的大案例。于是2015年我申报了学校传播学学科建设项目，将广告策划课程中的教学案例研究立了项。

然而好事多磨，本该在2016年年底结稿交付出版社的书稿，却由于某些品牌被市场腰斩而搁浅了。这里不便再提那些令人揪心的品牌滑铁卢事件！留给我的，只有去重识品牌，寻求市场"常青树"般的产品以及其出色的品牌传播策划案例。

我在课堂上经常谈到，能够坚守广告圈留到最后的，一定是精英！这些深耕细作了几十年的广告人更愿意面对真实，拿出一颗平常心，为自己精心生产的品牌策划、创作、传播。

记得在电影《太极张三丰》里有这样一句台词："我命由我不由天！"品牌的命在哪里？在品牌产品的生产者手里？在商业环节的经销商手里？还是在专业传播的策划者手里？抑或在传播媒体的手里？总之，一定不在消费者或者用户的手里！答案呢？在格局里。

高　萍

2018年清明前夕于京宅

图书在版编目(CIP)数据

广告策划与整合传播：案例教学 / 高萍著. —北京：中国传媒大学出版社，2018.12
（广告·观 / 黄升民主编. 第四辑）
ISBN 978-7-5657-2378-0

Ⅰ. ①广… Ⅱ. ①高… Ⅲ. ①广告学－高等学校－教材 Ⅳ. ①F713.80

中国版本图书馆 CIP 数据核字（2018）第 189226 号

广告策划与整合传播：案例教学
GUANGGAO CEHUA YU ZHENGHE CHUANBO：ANLI JIAOXUE

著　　者	高　萍
策划编辑	欣　雯
责任编辑	程　平　蒋　倩
责任印制	曹　辉
出版发行	中国传媒大学出版社
社　　址	北京市朝阳区定福庄东街 1 号　邮编：100024
电　　话	86－10－65450528　65450532　传真：65779405
网　　址	http://www.cucp.com.cn
经　　销	全国新华书店
印　　刷	三河市东方印刷有限公司
开　　本	787mm×1092mm　1/16
印　　张	12.75
字　　数	210 千字
版　　次	2018 年 12 月第 1 次
印　　次	2018 年 12 月第 1 次印刷
书　　号	ISBN 978-7-5657-2378-0/F·2378　　定　价　58.00 元

版权所有　　翻印必究　　印装错误　　负责调换